A LIBERDADE DOS ANTIGOS COMPARADA À DOS MODERNOS

COLEÇÃO CLÁSSICOS DO DIREITO
BENJAMIN CONSTANT

A LIBERDADE DOS ANTIGOS COMPARADA À DOS MODERNOS

VOLUME 3

Organização, estudo introdutório e tradução de Emerson Garcia

SÃO PAULO
EDITORA ATLAS S.A. – 2015

© 2009 by Editora Atlas S.A.

Capa: Leonardo Hermano
Composição: Entexto

Dados Internacionais de Catalogação na Publicação (CIP)
(Câmara Brasileira do Livro, SP, Brasil)

Constant, Benjamin, 1767-1830
A liberdade dos antigos comparada à dos modernos / Benjamin Constant; organização, estudo introdutório e tradução de Emerson Garcia. – São Paulo : Atlas, 2015. – (Coleção clássicos do direito; v. 3)

Título original:
De la liberté des anciens comparée a celle des modernes.
ISBN 978-85-224-9961-8
ISBN 978-85-224-9962-5 (PDF)

1. Indivíduo e a sociedade 2. Liberdade – História I. Garcia, Emerson. II. Título. III Série.

15-02568
CDD-123.5

Índice para catálogo sistemático:
1. Liberdade e sociedade   123.5

TODOS OS DIREITOS RESERVADOS – É proibida a reprodução total ou parcial, de qualquer forma ou por qualquer meio. A violação dos direitos de autor (Lei nº 9.610/98) é crime estabelecido pelo artigo 184 do Código Penal.

Depósito legal na Biblioteca Nacional conforme Lei nº 10.994, de 14 de dezembro de 2004.

Impresso no Brasil/*Printed in Brazil*

Editora Atlas S.A.
Rua Conselheiro Nébias, 1384
Campos Elísios
01203 904 São Paulo SP
011 3357 9144
atlas.com.br

Traduzido da versão francesa intitulada *De la liberté des anciens comparée a celle des modernes*, inserida no tomo II do *Cours de politique constitutionnelle* ou *Collection des ouvrages publiés sur le gouvernement représentatif de Benjamin Constant*, com introdução e notas de Édouard Laboulaye.

2. ed. Paris: Librairie de Guillaumin et Cie, 1872, p. 539-560.

Sumário

Explicação inicial, 9

A liberdade e o seu fundamento existencial (estudo
introdutório), 15

Nota biográfica, 61

A LIBERDADE DOS ANTIGOS COMPARADA À DOS
MODERNOS, 73

EXPLICAÇÃO INICIAL

Benjamin Constant era um jovem intelectual francês quando, em 1789, iniciou-se o conjunto de movimentos revolucionários que exerceu enorme influência sobre o pensamento político ocidental e ficou conhecido como Revolução Francesa. No plano ideológico, promoveu a ruptura do absolutismo monárquico que subjugara a plebe durante séculos. No plano operativo, a ruptura foi obtida a partir de atos de intensa violência e excessos de toda ordem, que se estenderam por uma década inteira. Nesse período, o regicídio foi praticado, golpes de Estado se sucederam, revolucionários foram executados por outros revolucionários e, em poucos anos, diversas Constituições já haviam sido promulgadas. O marco final desse longo processo foi o Golpe de Estado de Napoleão Bonaparte, de 9 de novembro de 1799 (*18 brumaire an VIII*), e a criação do Consulado.

No limiar de sua vida, Constant teve intenso contato com o absolutismo e suas mazelas. De um lado, os privilégios da nobreza e do clero, de outro, a ausência de qualquer participação política popular e, pior, a inexistência de direitos individuais oponíveis ao monarca. Ato contínuo, vivenciou, de perto, o penoso processo de construção da identidade francesa, o qual, longe de estar concluído em 1799, ainda estendeu-se por diversos anos. Aliás, ele próprio viu-se vítima de uma ordem de exílio, medida que já naquela época estava em vias de extinção e lhe foi aplicada em 15 de outubro de 1803, obrigando-o a permanecer a 40 quilômetros de Paris. Em 1819, com pouco mais de cinquenta anos e o *status* de homem público consagrado, profere, no Ateneu Real de Paris, o célebre discurso intitulado *De la liberté des anciens comparée a celle des modernes.*

O que tornou esse pequeno discurso célebre na história do pensamento político foi a habilidade de Constant em demonstrar a essência dos direitos de participação política e dos direitos individuais, que passaram por intensas vicissitudes na linha evolutiva da civilização ocidental, bem como a estrita conexão existencial entre eles. Quanto à sua origem, associou-os ao modo de estruturação e desenvolvimento das relações entre Estados, inicialmente marcadas pela conflitualidade própria da guerra e, em momento posterior, à preeminência das relações comerciais, em que predominava a liberdade individual.

Constant iniciou o seu discurso explicando as características essenciais das duas espécies de liberdade que o direcionaram na escolha do título de sua exposição.

A primeira liberdade, própria dos antigos, era a que permitia a livre participação de todos os cidadãos no traçar dos destinos do Estado. Reuniam-se em praça pública para elaborar suas leis e julgar aqueles que tivessem praticado uma infração. Apesar disso, cada cidadão, concebido em sua individualidade, não possuía direitos oponíveis ao Estado, com o qual mantinha uma relação de mera sujeição.

Prevalecia, em toda a sua plenitude, a vontade da maioria. De modo algo paradoxal, os cidadãos eram, a um só tempo, senhores e servos do Estado.

A segunda liberdade, por sua vez, é aquela conhecida pelos modernos. Constant, por um imperativo de ordem lógica, contextualizava a *modernidade* nos idos de 1819. Como a essência do seu pensamento político, transcorridos pouco menos de 200 anos, foi preservada, é possível afirmar que ainda permanecemos na mesma modernidade a que se referiu o pensador francês. Para os modernos, a liberdade nada mais é que um salvo-conduto à expansão da personalidade individual, incluindo o direito de influir sobre a administração do governo, e um limitador à ação alheia, do Estado ou de terceiros. A preeminência, aqui, é atribuída à esfera individual.

Os antigos valorizavam a vontade coletiva e não reconheciam a existência de uma esfera individual que lhe fosse oponível. Os cidadãos estavam a serviço do Estado, não o Estado a serviço dos cidadãos. Não tinham, portanto, qualquer noção de direitos individuais. Os modernos reconhecem a importância da vontade coletiva, mas asseguram, de modo correlato, a existência de uma esfera jurídica individual imune à ação da maioria. Trata-se de fruto indissociável do pensamento liberal.

Como observado por Radbruch,[1] "[a]lgebricamente falando: a democracia atribui ao indivíduo unicamente um valor finito; o liberalismo, um valor infinito. Para a democracia, portanto, o valor do indivíduo é multiplicável, o va-

---

1   RADBRUCH, Gustav. *Filosofia do direito*. Tradução de Marlene Holzhausen. São Paulo: Martins Fontes, 2004, p. 99.

lor da maioria dos indivíduos é superior ao da sua minoria; o valor individual infinito do liberalismo, ao contrário, por necessidade conceitual, é insuperável pelo conteúdo de valor de uma maioria, por maior que seja".

A razão de ser dessa distinção entre antigos e modernos estava associada, em certa medida, ao modo como os Estados antigos e os modernos coexistem com seus congêneres. Os Estados antigos tinham um povo com identidade bem definida e distinta da dos seus vizinhos. Em razão de sua reduzida extensão, era comum a tentativa de expansão ou a necessidade de defender-se da tentativa de expansão alheia. Eram, por assim dizer, essencialmente beligerantes. Todos, ademais, tinham escravos. Já os Estados europeus modernos abrigam uma massa mais homogênea de homens. Possuem maior extensão e integração, tendo substituído a guerra, sempre daninha, pelo comércio, o que lhes permite satisfazer os seus interesses a custos menores. Nas palavras de Benjamin Constant, "[e]ntre os antigos, uma guerra feliz acrescentava em escravos, em tributos, em terras partilhadas, à riqueza pública e à particular. Entre os modernos, uma guerra feliz custa infalivelmente mais do que vale a pena".

Em razão da reduzida extensão dos Estados antigos, a importância política de cada cidadão, concebido em sua individualidade, era sensivelmente maior que na atualidade, em que cada voto se dilui na magnitude do corpo social. Além disso, a abolição da escravidão fez que os cidadãos tivessem que encampar mais obrigações em seu dia a dia, o que os impede de participar da vida política do Estado tão intensamente quanto os antigos. Acresça-se que o comércio exige atividade constante, enquanto a guerra deixava longos intervalos de inatividade, realçando, com isso, esse último efeito.

O comércio dos modernos estimula a independência individual e diminui a dependência da autoridade. Daí decorre uma liberdade bem distinta da dos antigos, baseada na participação ativa e constante no poder coletivo, vale dizer, na partilha do poder social entre todos os cidadãos de uma mesma pátria. Os antigos sacrificavam sua esfera individual em prol do interesse coletivo, ficando orgulhosos da importância que ostentavam na formação da vontade estatal. O ostracismo ateniense e a censura romana partiam da premissa de que a sociedade tem toda autoridade sobre seus membros, o que é de todo inconcebível para os modernos.

A liberdade individual é a verdadeira liberdade moderna. A liberdade política, por sua vez, é a sua garantia. E sob essa ótica, o sistema representativo é o único compatível com as características dos Estados modernos, isso ao permitir que um pequeno número de indivíduos defenda os interesses de todos os cidadãos. Enquanto o perigo da liberdade antiga era a pouca atenção dispensada aos direitos individuais, o perigo da liberdade moderna é o de que, absorvidos pelos interesses particulares, renunciemos ao direito de participação no poder político.

É inegável a clareza e a força persuasiva das ideias de Constant, o que bem justifica o fato de ainda permanecerem atuais. A tradução, ora oferecida ao leitor de língua portuguesa, vem acompanhada de estudo introdutório sobre a liberdade e de breve nota biográfica a respeito do célebre pensador francês.

Boa leitura a todos!

Emerson Garcia

Pós-doutorando, Doutor e Mestre em Ciências Jurídico-Políticas pela Universidade de Lisboa. Especialista em *Education Law and Policy* pela European Association for Education Law and Policy (Antuérpia – Bélgica) e em Ciências Políticas e Internacionais pela Universidade de Lisboa. Membro do Ministério Público do Estado do Rio de Janeiro, consultor jurídico da Procuradoria Geral de Justiça e Diretor da *Revista de Direito*. Consultor Jurídico da Associação Nacional dos Membros do Ministério Público (CONAMP). Membro da American Society of International Law e da International Association of Prosecutors (Haia – Holanda).

A LIBERDADE E O SEU FUNDAMENTO EXISTENCIAL

Emerson Garcia

1 Aspectos introdutórios; 2 Pensamento político: essência e desenvolvimento do liberalismo; 2.1 Liberdade negativa e liberdade positiva: liberdade no Estado e perante o Estado; 2.2 A coexistência entre poder e liberdade: fundamentos filosóficos; 2.3 O processo revolucionário franco-americano; 2.4 A transição entre naturalismos, positivismos e pós-positivismos; 3 A implicação recíproca entre democracia e liberdade; Epílogo; Referências.

1 Aspectos introdutórios

Liberdade, do latim *libertas, libertatis*, indica tanto o estado condição do ser humano, daí falar-se em homens livres ou escravos, quanto o modo de formação e exteriorização da vontade individual ou coletiva.[1] Trata-se, portanto, de significante nitidamente polissêmico, ao qual é possível

---

[1] Cf. PETTIT, Philip. Liberalisme. In: CANTO-SPERBER, Monique (Coord.). *Dictionnaire d'étique et de philosophie morale*. Paris: Presses Universitaires de France, 2004, p. 1.078 e ss. v. 2.

atribuir-se uma pluralidade de significados distintos, que tendem a variar conforme o plano de análise.

Delinear um conceito universal de liberdade não é tarefa nada fácil. Um mero passar de olhos pelo evolver da humanidade nos permite constatar, com relativa facilidade, que a espécie humana vivenciou situações que podem ser enquadradas em extremos tão distantes como distintos, colocando-nos mesmo em dúvida sobre se estamos, ou não, perante o mesmo objeto de análise. Em suas fases mais rudimentares, no estado de natureza, conheceu a liberdade extrema; com a preeminência do uso da força, experimentou a coexistência entre liberdade e escravidão; e nos regimes democráticos mais evoluídos, reconheceu e limitou a liberdade individual para tornar viável a coexistência social.

Em um raciocínio bem singelo, podemos afirmar que a liberdade é totalmente incompatível com a ideia de *dominação*, vale dizer, nenhum ser humano pode ser considerado livre se estiver integralmente sujeito à vontade de outrem. A sujeição, física ou psíquica, impede que sonhos, aspirações e objetivos possam ser postos em prática sem a devida autorização. É o puro e simples estado de servidão, que tantos flagelos trouxe para a espécie humana.

A liberdade pressupõe o poder de autodeterminação, não a singela possibilidade de obrar em harmonia com os desígnios de outrem. Há de principiar no plano do pensamento, ainda que as decisões tomadas sejam influenciadas por fatores exógenos, como o desejo de agradar ou o risco de ser punido. Mas para que haja liberdade no processo decisório é preciso, tal qual realçado por Spinoza,[2] a devida compreensão das coisas. Daí a conclusão de que o conhecimento é a única virtude possível. Liberdade importa em poder de escolha, ainda que sujeito a balizamentos impostos por outrem. A autodeterminação é um poder que o ser humano tem sobre si próprio, mas o seu exercício há de coexistir com igual poder outorgado aos demais membros da coletividade.

Se a dominação denota a negação da liberdade, a *ingerência* pode ser vista como algo não só aceitável como necessário à sua própria existência. Limitar a liberdade individual significa viabilizar a sua coexistência com outras liberdades de igual natureza. Afinal, fosse possível que a liberdade albergasse toda e qualquer ação ou omissão passível de ser reconduzida aos mais recônditos rincões da criatividade humana, seria fácil deduzir que a cada exercício pleno de uma liberdade individual teríamos o aniquilamento, pleno ou parcial, de liberdade diversa, pertencente a outrem.

Noções como direitos humanos e direitos fundamentais, quando cotejadas com a liberdade, são muito mais abrangentes, absorvendo-a. É factível que o que deve ser considerado benéfico e indissociável ou daninho e inaceitável para o ser humano tem apresentado sensíveis alterações com o evolver da humanidade. Saúde, educação e meio ambiente certamente frequentam a pauta do dia em qualquer discussão teórica ou pragmática relacionada às necessidades do ser humano e aos deveres do aparato estatal. Mas nem sempre foi assim.

---

[2] SPINOZA, Baruch de. *Ética*. Tradução de Tomaz Tadeu. Belo Horizonte: Autêntica, 2009, parte V, prop. XXV.

Todo e qualquer processo – e o processo de construção dos direitos humanos não foge a essa regra – *há de ter um marco inicial. E esse marco inicial, indubitavelmente, após o reconhecimento da indisponibilidade da vida humana, foi o reconhecimento da liberdade individual.* As dimensões dos direitos fundamentais, de acordo com a doutrina tradicional, acompanham o ideário político da Revolução francesa, sintetizado na expressão "liberdade, igualdade e fraternidade". A liberdade assegura uma esfera jurídica imune à intervenção estatal; a igualdade denota a necessidade de a pessoa humana alcançar níveis similares de satisfação e qualidade de vida, o que exige o oferecimento de direitos prestacionais; e a fraternidade aprega a necessidade de coexistência entre os seres humanos e os povos que a partir deles se formam, abrangendo a paz, a segurança, o desenvolvimento, a solidariedade, o meio ambiente etc.

Apesar de sua inegável tendência à universalidade, é factível que o exato conteúdo de um direito fundamental – e com a liberdade individual não poderia ser diferente – é influenciado pelos distintos aspectos de ordem cultural afetos a uma coletividade. Apesar de o rol das liberdades individuais, ao menos no plano idealístico-formal, ser relativamente uniforme no âmbito dos mais variados Estados de Direito, é factível que a densificação do seu conteúdo, a importância que ostenta para a coletividade e a maneira como é protegido pelos poderes constituídos apresentam sensíveis variações de sociedade para sociedade.

Não é nosso objetivo discorrer, de *per si*, a respeito de cada uma das inúmeras modalidades de liberdade individual, como as liberdades de pensamento, expressão, culto, locomoção e associação, alicerces fundamentais e indispensáveis a qualquer Estado de Direito que, verdadeiramente, faça jus a esse designativo. O objetivo é, tão somente, o de tracejar algumas poucas linhas a respeito das teorias da liberdade, o que certamente facilitará a compreensão da relação entre esse direito e o poder estatal.

A liberdade é simplesmente indissociável da contemporaneidade. O modo de reconhecê-la, protegê-la e, eventualmente, restringi-la, é matéria central dos mais variados ramos do direito, isso sem olvidar, obviamente, ciências afins como a antropologia, a sociologia e a psicologia. Juristas eminentes perceberam, com razão, que as especificidades científicas e normativas podiam facilmente coexistir com a unidade de essência que caracteriza a liberdade.[3]

Qualquer escrito relacionado à liberdade, por mais despretensioso que seja, deve principiar pela análise de sua influência sobre o pensamento político, avançar para o delineamento dos limites a serem observados pelo Estado no exercício do seu poder de império e explicar a sua influência para o apogeu dos direitos humanos.

Nas linhas a seguir, teceremos algumas breves considerações a respeito desses aspectos de singular relevância no evolver da humanidade. Sem eles, não seria possível o surgimento do ideal democrático e a pessoa humana seria mero fim destinado à satisfação dos interesses dos detentores do poder.

---

[3] Cf. RIVERO, Jean; MOUTOUH, Hugues. *Libertés publiques*. Paris: Presses Universitaires de France, 2003, p. 1 e ss. t. 1.

2 Pensamento político: essência e desenvolvimento do liberalismo

No âmbito do pensamento político, a referência ao liberalismo é normalmente utilizada para indicar a limitação do poder estatal, daí decorrendo a correlata proteção da esfera jurídica individual. A limitação pode ser contextualizada na plenitude do poder estatal ou em aspectos específicos, os quais, em determinadas circunstâncias de tempo e espaço, são considerados particularmente relevantes, como ocorre com a laicidade do Estado, que veda o intervencionismo religioso, ou a proscrição da censura, que valoriza a liberdade de expressão e permite o pleno desenvolvimento do ideal democrático.

A base de desenvolvimento do liberalismo foi oferecida pelas ideias republicanas, que afloraram com Cícero e encontraram grande desenvolvimento durante o renascimento, sendo encampadas por pensadores como Rousseau, que apregoaram a participação popular na formação do poder estatal. Já no pensamento liberal, que apareceu no final do século XVIII, o objetivo é a limitação desse poder, sendo grande a influência exercida, dentre outros, por Locke[4] e Montesquieu.[5]

O liberalismo busca alicerçar-se na razão, apregoando que a felicidade individual seria alcançada na medida em que o Estado não opusesse obstáculos ao desenvolvimento dos instintos naturais de cada indivíduo. Daí a expressão *"laisser faire, laisser passer"*. Na estruturação desse pensa-

---

[4]   LOCKE, John. *Segundo tratado sobre o governo*. Tradução de Alex Marins. São Paulo: Martin Claret, 2005.

[5]   MONTESQUIEU. *De l'esprit des lois*. Paris: Garnier, 1949. t. 1.

A liberdade e o seu fundamento existencial **21**

mento, os primeiros baluartes foram Adam Smith[6] e Benjamin Constant,[7] tendo adquirido ampla preponderância a partir do século XIX.

A liberdade, mesmo sob a ótica do pensamento liberal, não pode ser dissociada da concepção de responsabilidade. É justamente a capacidade de autodeterminação de um sujeito que o vincula aos resultados de suas ações ou omissões voluntárias. A concepção de liberdade tanto se ajusta aos limitadores preventivos, que estabelecem os balizamentos ao seu exercício, como aos limitadores repressivos, que indicam as consequências para a inobservância dos primeiros. "As consequências da ação livre", como ressaltado por Philip Pettip,[8] "são, usualmente, as consequências da ação passada".

2.1 Liberdade negativa e liberdade positiva: liberdade no Estado e perante o Estado

Na identificação da essência do pensamento liberal, é particularmente relevante a análise das espécies de relações estabelecidas entre o indivíduo e o Estado. Nesse particular, a distinção entre *liberdade negativa* e *liberdade po-*

---

[6] SMITH, Adam. *A riqueza das nações*. Tradução de Teodora Cardoso e Luís Cristóvão de Aguiar. 4. ed. Lisboa: Fundação Calouste Gulbenkian, 1999. v. I e II.

[7] CONSTANT, Benjamin. De la liberté des anciens comparée a celle des modernes. In: CONSTANT, Benjamin. *Cours de politique constitutionnelle ou collection des ouvrages publiés sur le gouvernement représentatif.* 2. ed. Paris: Librairie de Guillaumin et Cie, 1872, p. 539-560. t. II.

[8] PETTIT, Philip. *Teoria da liberdade*. Tradução de Renato Sergio Pubo Maciel. Belo Horizonte: Del Rey, 2007, p. 35.

sitiva, tal qual estruturada por Isaiah Berlin,[9] foi em muito influenciada pela construção de Benjamin Constant a respeito da *liberdade dos antigos* e da *liberdade dos modernos*. De acordo com este último pensador, para os antigos, a liberdade denotava o direito de participação política, prevalecendo a vontade da maioria e inexistindo direitos individuais oponíveis ao Estado. Para os modernos, por sua vez, a liberdade é o meio de desenvolvimento da personalidade individual, refletindo o direito de influir sobre a formação da vontade estatal e de ter uma esfera jurídica imune à ação dessa vontade e de terceiros.

Em seu sentido negativo, a liberdade indica a ausência de ingerência de outrem nas atividades que se é capaz de realizar, em certa cultura, sem a ajuda de terceiros. Alcança a liberdade de ir e vir, de pensar e expressar, de associar-se ou não, de professar um culto ou não etc.

Em seu sentido positivo, a liberdade denota a possibilidade de participar da formação da vontade do grupamento, estando o indivíduo liberado de obstáculos internos, como a fraqueza, o instinto e a ignorância, e de obstáculos externos que permitam a ingerência de outrem, ou mesmo da necessidade de alcançar uma certa perfeição moral. Era a liberdade basilar das ideias republicanas, o que, vale lembrar, não significa a ausência de preocupação, no curso de sua evolução, com certos aspectos da liberdade negativa.

A liberdade, na tradição republicana, não refletia propriamente a ausência de ingerência na esfera individual, mas a ausência de dominação, como a que se verificava entre o senhor e o escravo. Nesse tipo de relação, a parte do-

---

[9] BERLIN, Isaiah. *Two concepts of liberty*. Oxford: Clarendon Press, 1958.

minante tem o poder de imiscuir-se nas escolhas da parte dominada, isso sem pedir-lhe qualquer autorização e sem estar sujeita a qualquer tipo de sanção. O Estado Democrático, com amparo na lei, intervém amplamente na esfera jurídica individual, quer impondo, quer proibindo comportamentos. Nesse caso, tem-se ingerência sem dominação. Afinal, os mecanismos democráticos asseguram a participação popular na definição das hipóteses de intervenção e dos limites a serem observados, preservando, com isso, a esfera reservada à liberdade negativa.

Os republicanos romanos extremavam a liberdade da escravidão. O homem livre estava sujeito à ingerência estatal, os escravos, à dominação. O *status* de homem livre era coroado com o de cidadão, único a ter direitos oponíveis ao Estado, limitando, portanto, a amplitude de sua ingerência. No pensamento de Maquiavel,[10] a liberdade também era extremada da servidão, que estaria presente na tirania e na colonização.

2.2 A coexistência entre poder e liberdade: fundamentos filosóficos

A existência do poder estatal é fator imprescindível à própria coexistência social. Afinal, impõe limitações a cada individualidade de modo a assegurar a sua coexistência com outras individualidades. Ocorre que essas limitações, não raro, superam qualquer justificativa de ordem moral ou racional, daí decorrendo o surgimento de um poder ex-

---

[10] MAQUIAVEL, Nicolau. *O príncipe*. Tradução de Maria Lúcia Cumo. São Paulo: Paz e Terra, 1996.

cessivo.[11] O complicador a ser enfrentado reside na identificação da exata medida das limitações a serem impostas, com especial sensibilidade para a constatação de que a retração do poder estatal, de um lado, amplia a liberdade privada, e, do outro, pode tornar essa liberdade refém dos excessos de outras liberdades de igual natureza. A esse respeito, existem diversas construções teóricas que buscam delinear esses limitadores, as quais se encontram intimamente interligadas com o próprio fundamento existencial do poder estatal.

As mais importantes construções teóricas a respeito da limitação do poder estatal baseiam-se no referencial mais amplo de justiça, que possui um alicerce essencialmente axiológico. Trata-se de significante polissêmico e que tem recebido uma pluralidade de significados com o evolver do pensamento político. Não é por outra razão que Radbruch[12] afirmava tratar-se de "uma categoria vazia que pode ser preenchida com os mais variados conteúdos". Não é incomum que concepções teológicas, como aquelas alicerçadas no cristianismo, sejam associadas aos alicerces teóricos da justiça. Também podem ser reconduzidas a ela construções como a de Immanuel Kant,[13] que nega a possibilidade de tratarmos as pessoas como meros meios para a realização dos nossos fins. Ou mesmo as inúmeras teorias que defendem a existência de direitos naturais cujo alicerce metafísi-

---

[11] Cf. STEINER, Hillel. Libertarianisme. In: CANTO-SPERBER, Monique (Coord.). *Dictionnaire d'étique et de philosophie morale*. Paris: Presses Universitaires de France, 2004, p. 1.088. v. 2.

[12] RADBRUCH, Gustav. *Filosofia do direito*. Tradução de Marlene Holzhausen. São Paulo: Martins Fontes, 2004, p. 146.

[13] KANT, Immanuel. *Fundamentação da metafísica dos costumes*. São Paulo: Abril Cultural, 1973, p. 223. (Coleção Os Pensadores).

co de sustentação pode ser reconduzido à ideia de justiça. Os direitos individuais daí oriundos, com especial ênfase para a vida, a liberdade e a propriedade, atuariam como limitadores à expansão do poder estatal, evitando, ainda, que os indivíduos sejam subjugados por outros indivíduos na busca pela satisfação dos seus interesses pessoais.

A proteção à vida, à liberdade e à propriedade somente poderia sofrer as restrições exigidas pelo interesse social.

Em seu atual estágio de evolução, a humanidade é nitidamente refratária à imposição de restrições à vida como consequência de atos ilícitos imputados ao indivíduo. No passado, um dos principais fundamentos filosóficos à imposição da pena de morte era a lei natural, calcada num princípio de conservação que justificava a supressão da vida individual sempre que se mostrasse premente a necessidade de conservar a vida coletiva. Essa verdadeira ponderação de resultados preestabelecidos, em que o interesse de muitos sempre tem mais peso que o interesse de um só, há muito cedeu lugar à constatação de que existem alternativas menos destrutivas para recompor a ordem social, o mesmo ocorrendo em relação aos mecanismos de prevenção geral, cujo objetivo é dissuadir os malfeitores em potencial da prática de novos ilícitos,[14] isso sem olvidar o risco, sempre existente, do erro judiciário. De um modo geral, a imposição de restrições à vida somente tem sido

---

[14] Carrara, escrevendo no início da primeira metade do século XIX, já afirmava que "as atuais condições dos povos cultos (nos crimes ordinários e em tempos normais dos Estados) já não têm como necessidade material a morte do inimigo social". CARRARA, Francesco. *Programa de derecho criminal*: parte general (programma del corso di diritto criminale dettato nella Regia Università di Pisa). 3. ed. Tradução de José Ortega Torres. Santa Fe de Bogotá: Temis, 2000, p. 102. v. 2.

admitida em situações de anormalidade institucional, sendo a mais evidente de todas a guerra.[15]

A liberdade talvez seja o direito que simboliza de maneira mais nítida e intensa o *status* de ser humano. Se a existência surge e permanece com a vida, é a liberdade que permite a fruição e, acima de tudo, a reivindicação de todos os direitos inerentes à personalidade, cujo delineamento, na correta percepção de Adriano de Cupis,[16] é influencia-

---

[15] A Assembleia Geral das Nações Unidas aprovou a Resolução nº 62/149, de 26 de fevereiro de 2008, em que exortou os Estados a não mais aplicarem a pena de morte. O Segundo Protocolo Facultativo relativo ao Pacto Internacional sobre os Direitos Civis e Políticos, de 15 de dezembro de 1989, admitira a aplicação da pena de morte em tempo de guerra (art. 2º, 1). No plano regional, a Carta dos Direitos Fundamentais da União Europeia, de 2000, veicula uma proibição absoluta (art. 2º – "ninguém pode ser condenado à pena de morte nem executado") e a Convenção Europeia dos Direitos do Homem, de 1950, esta adotada no âmbito do Conselho da Europa, organização internacional mais abrangente que a União Europeia, admitia a sua aplicação (art. 2º – "Ninguém poderá ser intencionalmente privado da vida, salvo em execução de uma sentença pronunciada por um tribunal, no caso de o crime ser punido com esta pena pela lei"), sendo abrandada pelo Protocolo nº 6, que a restringiu ao tempo de guerra, e, por fim, extinta, em quaisquer circunstâncias, pelo Protocolo nº 13. A Organização dos Estados Americanos adotou, em 8 de junho de 1990, o Protocolo Adicional à Convenção Americana sobre Direitos Humanos Referente à Abolição da Pena de Morte, somente admitindo a sua aplicação em tempo de guerra (art. 2º).

[16] CUPIS, Adriano de. *I diritti della personalità*. Milão: Giuffrè, 1950, p. 18-22. A sensibilidade ao ambiente, como ressaltado pelo autor, não excluiu a construção de um padrão universal a respeito do arquétipo básico dos direitos que densificam a personalidade e, em última *ratio*, a dignidade humana. Em suas palavras, *"gli ordinamenti giuridi moderni hanno súbito costantemente, può dirsi universalmente, la pressione delle idee sociali relative all'essenzialità dei diritti: tanto che si è discorso di una communis opinio esistente al riguardo, espressione di una comune voluntà immanente in ogni ordinamento giuridico"*.

do pela "sensibilidade" do ambiente social. A liberdade, de modo algo paradoxal, apesar de sua extrema relevância, deve ser necessariamente restringida, isso para permitir o seu exercício concomitante pelos distintos componentes do grupamento. As restrições tanto podem ser impostas *in abstracto* como estarem associadas a uma situação concreta, na qual convergem distintas liberdades individuais e é necessária a sua concordância prática.

O direito de propriedade pode ser visto como um desdobramento natural da própria liberdade, apresentando entre si uma nítida relação de causa e efeito. A depender do grau de intervenção do Estado no processo decisório individual, a propriedade pode, ou não, expandir-se e ser uma decorrência do mérito de cada qual. Em sistemas de livre iniciativa, não é incomum que o mérito tenha como reflexo inevitável o paulatino surgimento da desigualdade, máxime quando as estruturas estatais de poder não ofereçam condições para que uma geração supere o desequilíbrio herdado da anterior. O uso, o gozo e a fruição da propriedade, a exemplo do que se verifica com a liberdade, hão de permitir que os demais componentes do grupamento exerçam o mesmo direito, de modo que um não avance sobre o outro, comprometendo a sua existência ou limitando o seu exercício. A esse aspecto, bem perceptível em relação aos direitos de vizinhança, soma-se a necessidade de a propriedade cumprir a sua função social, o que significa dizer que ela deve harmonizar-se com os interesses da coletividade. Como ressaltado por Hauriou,[17] a propriedade é "um direito individual e uma instituição social". Fran-

---

[17] HAURIOU, Maurice. *Précis de droit constitutionnel*. 2. ed. Paris: Recueil Sirey, 1929, p. 652.

cesco Bilancia,[18] por sua vez, acresce que a função social da propriedade atua como elemento catalisador dos bens e interesses constitucionais potencialmente tangenciados por esse direito, de modo a permitir a sua coexistência.

A necessidade de preservação do interesse social jamais permitiu que à propriedade fossem atribuídos contornos absolutos e intangíveis. As limitações que lhe são impostas, parciais ou totais, nesse último caso com a sua expropriação, sempre estiveram associadas, ao menos no plano idealístico-formal, à preservação de bens e valores afetos à coletividade. Em outro extremo, para que alguns poucos não sejam sobrecarregados com o benefício coletivo, é necessário que as restrições impostas, pelo poder estatal, aos direitos afetos a indivíduos devidamente identificados, sejam acompanhadas da devida compensação. Com isso, é restabelecido o equilíbrio entre os indivíduos, de modo a evitar que somente alguns sejam sacrificados em prol dos interesses da coletividade. Os indivíduos, segundo Locke,[19] devem executar a lei da natureza, de modo a impedir "que invadam os direitos alheios e que mutuamente se molestem". Esse poder, outorgado a cada indivíduo, pode ser delegado àqueles que agem em seu nome, como ocorre com o Estado em ambientes democráticos.

No pensamento liberal, ao analisarmos o papel desempenhado pela lei no âmbito do Estado de Direito, é inevitável vê-la como um atentado à não ingerência, já que termina por invadir o espaço afeto à liberdade individual.

---

[18] BILANCIA, Francesco. *I diritti fondamentali come conquiste sovrastatali di civiltà*: il diritto di proprietà nella CEDU. Turim: G. Giappichelli Editore, 2000, p. 151-160.

[19] LOCKE, John. *Segundo tratado sobre o governo*. Op. cit., p. 25.

Ilustres filósofos, como Jeremie Benthan[20] e Thomas Hobbes,[21] prestigiavam esse pensamento. Sob outra ótica, pode ser vista como verdadeira garantia da liberdade. Afinal, como ressaltado por Philip Pettit,[22] a lei produz um "efeito compensador e positivo" pelo fato de interditar a ingerência de outrem. A consequência, no plano global, termina por ser o correlato aumento da liberdade existente no âmbito de determinada sociedade. O pensamento liberal efetivamente via na liberdade o resultado de uma síntese dialética resultante das relações entre dois fatores, que representam o potencial expansivo da personalidade individual e as limitações que lhe são impostas pelo Estado.

Muitos liberais do século XX também possuem uma visão de liberdade como não ingerência, isso com o diferencial de estabelecerem certos objetivos que direcionam e subordinam o Estado. John Rawls, por exemplo, defende que o objetivo primordial do Estado é o de garantir igual liberdade para todos, e, na realização desse objetivo, efetivamente estabelece limitadores sobre a liberdade individual. Conclui, por fim, que "a liberdade não pode ser limitada senão em nome da própria liberdade".[23]

---

[20] BENTHAM, Jérémie. Traités de legislation civile et penale. In: BENTHAM, Jérémie. *Oeuvres*. Bruxelles: Société Belge de Librairie, 1840, p. 3 e ss. t. I.

[21] HOBBES, Thomas. *Leviatã ou matéria, forma e poder de um estado eclesiástico e civil*. Tradução de Alex Marins. São Paulo: Martin Claret, 2005, p. 100 e ss.

[22] PETTIT, Philip. *Liberalisme*. Op. cit., p. 1.082.

[23] RAWLS, John. *A theory of justice*. Oxford: Oxford University Press, 1971, p. 239.

Quando a lei mostrar-se excessiva é inevitável a lembrança da filosofia aristotélica, que vê na justiça e na equidade meios diversos para alcançar a unidade axiológica do direito. Enquanto a justiça vê o caso concreto sob as lentes da norma geral, estando metodologicamente comprometida com um raciocínio dedutivo, a equidade busca delinear, a partir do caso concreto, a norma que o regerá, vindo a generalizar-se, o que denota o exercício de um raciocínio indutivo. A equidade consubstancia um "corretivo da lei sempre que ela se mostre defeituosa em razão de sua universalidade".[24]

O antigo pensamento republicano, por sua vez, entendia que as leis do Estado são necessárias, principalmente aquelas que criam liberdades. A própria concepção de cidadania somente existiria em razão das leis que a reconhecem e autorizam o seu exercício. A lei, a um só tempo, criaria a autoridade e a liberdade.[25] Mas, para que isso ocorra, é necessário que a lei seja o resultado da vontade geral, não instrumento do arbítrio individual, tal qual ocorria nas monarquias absolutistas do século XVIII. Além disso, é preciso que a sistemática legal contemple mecanismos de contenção da autoridade, que é tendencialmente dominante e abusiva. Daí a necessidade de os mandatos eletivos serem

---

[24] ARISTÓTELES. *Ética Nicomachea*. Tradução de Claudio Mazzarelli. Milão: Bompiani, 2007, p. 223.

[25] Montesquieu, aliás, reconhecera que cada Estado tem o seu objetivo, como o crescimento para Roma e a guerra para a Lacedemônia, e acresceu que "há também uma nação no mundo que tem por objeto direto de sua Constituição a liberdade política". Com essas palavras, o grande pensador francês antecipava o conteúdo do célebre Capítulo VI do Livro XI do *De l'esprit des lois*, que trata da Constituição da Inglaterra (MONTESQUIEU. *De l'esprit des lois*. Garnier, 1949, p. 163. t. I).

temporalmente delimitados, existirem restrições à reeleição e o sistema contar com divisões internas para o exercício das funções estatais, de modo que *"le pouvoir arrête le pouvoir"* (o poder contenha o poder).

No âmbito da justiça, que tem sido historicamente vista sob um prisma liberal, ainda podem ser incluídas as teorias de natureza distributiva, que buscam delinear uma posição de igualdade que a liberdade terminou por subjugar, e restaurativa, fundada na reconstrução de relações e na pacificação social.[26]

Para as concepções marxistas, o sistema capitalista conduz a profundas desigualdades, de modo que a liberdade nada mais é que o direito da classe dominante de manter a exploração da classe trabalhadora. Portanto, somente haveria verdadeira liberdade em uma sociedade sem classes, em que não houvesse o predomínio do capital sobre o trabalho. Para chegar-se a esse estado de coisas, seria imprescindível a revolução do proletariado, com a consequente destruição da burguesia. O desdobramento dessas ideias conduz à conclusão de que a liberdade seria obtida com a destruição da própria liberdade. É o que preconizavam os

---

[26] Cf. ZAGREBELSKY, Gustavo. *La domanda di giustizia*. Turim: Giulio Einaudi, 2003, p. 28 e ss.; e ZAGREBELSKY, Gustavo; MARTINI, Carlo Maria. *Il "crucifige!" e la democrazia*. Turim: Einaudi, 1995, p. 25 e ss. Um exemplo bem característico de justiça restaurativa é o ritual hebraico do *ryb*, cujo objetivo é superar divergências entre pessoas unidas por laços afetivos (pai e filho; irmão e irmão) ou quando um dos envolvidos possui uma hierarquia superior (*v.g.*: Deus e o povo eleito; um rei ou um profeta e outra pessoa qualquer etc.), de modo a obter o reconhecimento do erro pelo ofensor e o perdão por parte da vítima – diversamente ao que se verifica com o *mishpat*, caracterizado pela formação de uma relação jurídica triangular encabeçada por um agente imparcial, responsável pela resolução da controvérsia.

socialistas-marxistas, que centravam no Estado os meios de produção e defendiam uma ampla regulação dos atos individuais, meros meios a serviço do interesse social.[27]

O processo de justificação teórica da limitação do poder estatal foi profundamente influenciado pelas instituições inglesas. Esse processo se iniciou com a *Magna Charta* de 1215, responsável pela estruturação de dois princípios essenciais ao direito anglo-saxônico. O primeiro deles, o de que a representação é uma condição da taxação, precipitou, como veremos, o movimento de independência das colônias norte-americanas; o segundo é o de que e a lei é a mesma para todos os homens livres. Em razão das próprias características do regime feudal, a *Carta* era ratificada pelos soberanos que se sucediam, apresentando nítidas variações de conteúdo no curso de sua existência. No século XVII, as relações estabelecidas entre a pessoa humana e o poder estatal passaram por intensos aperfeiçoamentos. De acordo com o *Petition of Rights* de 1628, "o homem livre somente pode ser preso ou detido pela lei da terra, ou pelo devido processo legal, e não pela ordem especial do Rei sem qualquer acusação". O *Habeas Corpus Act* de 1679 reconheceu a juridicidade desse instrumento e restringiu a sua utilização àqueles que tivessem sua liberdade de locomoção cerceada sob a acusação da prática de crime. Somente com o *Habeas Corpus Act* de 1816 é que foi positivado o uso desse instrumento em qualquer caso de restrição à liberdade de locomoção, ainda que o cerceamento estivesse dissociado

---

[27] Como ressaltado por Stephen Henry Rigby, um dos principais legados do marxismo foi o "determinismo econômico" (RIGBY, Stephen Henry. *Marxism and history*: a critical introduction. 2. ed. Manchester: Manchester University Press, 1998, p. 7 e ss.).

da prática de crime. O *Bill of Rights and Claim of Rights* de 1689 (cujo título oficial era *"An Act Declaring the Rights and Liberties of the Subject and Settling the Succession of the Crown"*) reconheceu inúmeros direitos individuais, como a liberdade pessoal, a propriedade privada e a segurança pessoal. A mais eficaz garantia aos direitos individuais sobreveio com o *Act of Settlement* de 1701, que garantiu a independência dos juízes e colocou-os acima da vontade livre da Coroa.

O principal alicerce de sustentação das instituições inglesas foi oferecido pelas construções jusnaturalísticas, que sustentavam a existência de direitos inatos do homem, insuscetíveis de serem desrespeitados pelas estruturas estatais de poder. Essas construções insurgiam-se contra o pensamento, bem ao gosto das monarquias absolutistas, de que as liberdades surgiam com os comandos normativos, verdadeiras concessões que afloravam de acordo com a conveniência do soberano, cujo poder, vale lembrar, tinha um alicerce essencialmente teológico. Da concepção de que a norma cria a liberdade decorria a constatação de inexistirem direitos inatos, afetos ao ser humano pelo só fato de existir como tal. Esse tipo de pensamento foi combatido por John Locke[28] ao reconhecer que a lei, estabelecida com o consentimento dos membros da comunidade e destinada a assegurar a sua coexistência, pode ampliar a liberdade existente em natureza. Como o homem não tem poder sobre a própria vida, que lhe é atribuída pela natureza, não lhe seria dado consentir com a dominação, reduzindo-se à condição de escravo.

---

[28] LOCKE, John. *Segundo tratado sobre o governo*. Op. cit., p. 23-30 e 35-36.

A difusão dessas ideias é devida, em grande medida, ao processo revolucionário franco-americano, que teve decisiva influência na sedimentação do entendimento de que o povo titulariza o poder, forma a vontade estatal e possui uma esfera jurídica imune à ingerência dessa vontade.

2.3 O processo revolucionário franco-americano

O final do século XVIII tem sido justamente considerado um dos períodos mais importantes do pensamento político contemporâneo. Afinal, foi nessa quadra da história que o reconhecimento dos direitos humanos começou a disseminar-se e a sua observância deixou de ser vista como mera concessão do poder estatal. Não bastasse isso, tornou-se amplamente prevalecente, nos sistemas de direito escrito, a concepção de que a lei encontra o seu fundamento de validade em uma norma superior, que direciona a sua elaboração e se sujeita a um processo diferenciado de modificação. É o alvorecer do constitucionalismo.

Bem se sabe que as Revoluções norte-americana e francesa apresentam sensíveis distinções em relação às razões que justificaram a sua deflagração e aos resultados alcançados.

O processo revolucionário americano decorreu da alteração de um quadro de ingerência na esfera de liberdade dos habitantes das 13 colônias americanas, o que não chegava a ser rechaçado pelo liberalismo clássico, para outro de dominação.

A denominada Revolução Americana absorve um conjunto de acontecimentos ocorridos entre os anos de 1765 e 1783, culminando com o surgimento dos Estados Unidos

A liberdade e o seu fundamento existencial **35**

da América. Em um primeiro momento, as colônias insurgiram-se contra os tributos instituídos por um Estado, a Inglaterra, no qual não tinham efetiva participação no exercício da função legislativa, daí decorrendo a afronta ao célebre princípio *"non taxation without representation"*.[29] Com o seu proceder, o parlamento britânico estabeleceu uma relação de dominação de todo incompatível com a concepção de liberdade. Afinal, indivíduos nessa situação, por melhor que seja o tratamento recebido, jamais poderiam ser considerados livres.[30] A recalcitrância dos colonos em cumprir suas obrigações tributárias ensejou a edição de leis punitivas pelos britânicos, como os *Coercive Acts*, de Massachusetts, em 1774. A guerra foi um desdobramento inevitável.

Em 1774, o representante real em Massachusetts foi deposto e o controle britânico ficou praticamente restrito à cidade de Boston. A partir desse ano, revolucionários da maior parte das 13 colônias formaram Congressos Provinciais (*Provincial Congresses*) ou Convenções Provinciais (*Pro-*

---

[29] O Parlamento britânico editava normas a respeito do comércio nas 13 colônias americanas, bem como instituía tributos sobre importação e exportação. Como o *Bill of Rights* de 1689 havia proibido a cobrança de taxas sem a aprovação do Parlamento, os colonos, que não eram representados nesse órgão, passaram a entender que a taxação violava os *Rights of Englishmen*. Daí a grande comoção em relação a leis como o *Sugar Act* e o *Stamp Act*. Lawrence H. Tribe, referindo-se à *"non taxation wtihout representation"*, observa que a sua essência baseia-se na concepção de que, para a salvaguarda dos interesses de pessoas e grupos contra o abuso de poder, é necessário que o sistema contemple a possibilidade de aqueles a quem o poder foi confiado virem a perdê-lo pelas mãos daqueles que o confiaram (TRIBE, Lawrence H. *The invisible constitution*. Oxford: Oxford University Press, 2008, p. 86).

[30] Cf. PRICE, Richard. Political writings. In: THOMAS, D. (Org.). *Political writings*. Cambridge: Cambridge University Press, 1991, p. 77-78.

vincial Conventions), que assumiram os poderes dos antigos governos coloniais.[31] Somente com o Segundo Congresso Continental, que encontrava legitimidade nos referidos Congressos ou Convenções, a resistência aos britânicos foi devidamente organizada, daí surgindo a Declaração de Independência, de 4 de julho de 1776, que professou o liberalismo e a preeminência do regime republicano, sendo francamente refratária à aristocracia e à monarquia. Essa Declaração apregoou, de maneira expressa, a existência de direitos individuais (*"these truth to be self-evident, that all men are created equal, that they are endowed by their Creator with certain unalienable Rights, that among these are Life, Liberty and the pursuit of Happiness. That to secure these rights, Governments are instituted among Men"*). Em 1777, foram firmados os Artigos da Confederação, em que os novos Estados independentes, outrora colônias britânicas, articularam ações conjuntas.

Com o fim da guerra, em 1783, as atenções foram direcionadas aos debates sobre a estruturação do poder estatal, existindo nítida convergência a respeito da necessidade de criar-se um governo que possuísse tão somente poderes limitados. Afinal, como ressaltado por Charles Rice,[32] documentos como a *Magna Charta* e o *Petition of Rights*, a exemplo de outras tentativas similares de restringir o poder governamental, tão somente impuseram restrições a um poder que era considerado, em sua essência, ilimitado. A Constituição norte-americana, seguindo os passos iniciais dados

---

[31]   Cf. RAKOVE, Jack. *The beginnings of national politics*: an interpretative history of the continental congress. New York: Knopf, 1979, p. 1 e ss.

[32]   RICE, Charles. The Bill of Rights and the doctrine of incorporation. In: HICKOK JR., Eugene W. *The Bill of Rights*: original meaning and current understanding. Virginia: University Press of Virginia, 1991, p. 11 (11).

A liberdade e o seu fundamento existencial **37**

pelos 13 Estados independentes, consagrou, pela primeira vez, um governo que somente possuía poderes limitados.

As divergências, por sua vez, diziam respeito à conveniência de fortalecer o governo central ou de preservar a hegemonia dos governos locais. A tese vitoriosa foi a de que os Estados independentes deveriam reunir-se e permitir o surgimento de um novo Estado, que absorveria a todos eles, daí decorrendo a proclamação da Constituição de 1787, que veio a ser ratificada em 1788. E assim surgiu a forma federativa de Estado e as instituições que a caracterizam (*v.g.*: um legislativo bicameral, em que uma das casas representaria o povo, observado o critério de proporcionalidade, e, a outra, os Estados, isso de maneira igualitária; uma Suprema Corte, responsável pela guarda da Constituição e pela resolução dos litígios que surjam entre os Estados etc.).[33]

Outro legado da Revolução Americana foi o *Bill of Rights* de 1791, conjunto de dez emendas à Constituição que garantiu a observância dos "direitos naturais" do povo, os quais refletiam, em última *ratio*, as liberdades individuais consideradas inerentes à espécie humana.[34,35] ***Não se pode***

---

[33] Cf. HAMILTON, Alexander; MADISON, James; JAY, John. *The federalist*. New York: Barnes & Noble Classics, 2006.

[34] A respeito do processo legislativo conducente à aprovação de cada uma das dez emendas, merece conferência a impressionante coletânea de documentos oficiais da época promovida por Neil H. Cogan (COGAN, Neil H. *The complete Bill of Rights*: the drafts, debates, sources and origins. New York: Oxford University Press, 1997).

[35] A partir dos quatro direitos fundamentais previstos na Primeira Emenda, que são o direito ao livre exercício de uma religião, à liberdade de expressão e de imprensa, à reunião pacífica e o direito de petição, e cuja imperatividade foi estendida aos Estados por força da Décima

38 A LIBERDADE DOS ANTIGOS COMPARADA À DOS MODERNOS • CONSTANT

ignorar que, poucos dias antes da própria Declaração de Independência, a Convenção Geral de delegados e representantes dos sete *counties* e corporações da Virgínia adotou, em 12 de junho de 1776, aquela que veio a ser conhecida

---

Quarta Emenda, de 1868, a Suprema Corte norte-americana construiu a teoria da *preferred position*. No Caso *Prince vs. Commonwealth of Massachusetts*, foi reconhecido que esses direitos têm uma posição preferente no "esquema básico" da Constituição (321 *U.S.* 158, 1944). Isso significa que, identificada uma situação de colisão com outros bens jurídicos de estatura constitucional, deve-se optar pela sua prevalência, isso por serem imprescindíveis à preservação dos valores democráticos e à proteção de outros direitos fundamentais. É importante ressaltar que isso não significa dizer que tenham contornos absolutos, de modo que irão subjugar qualquer outro interesse da coletividade. O que se afirma, em verdade, é que somente será possível limitá-los quando tal for efetivamente necessário à garantia do bem estar social. Em *Kovacs vs. Cooper* (336 *U.S.* 77, 1949), o Tribunal não identificou qualquer atentado à liberdade de expressão na edição de lei que impedia a circulação de veículos ou pessoas pelas ruas utilizando alto-falantes que emitissem som em níveis elevados. Em *Employment Division Department of Human Ressources of Oregon vs. Smith* (494 *U.S.* 872, 1990), reconheceu-se que referidos direitos somente poderiam ser limitados, direta ou indiretamente, quando essa medida fosse justificada por um claro e obrigatório interesse governamental "da mais alta ordem", "permitindo o gozo de iguais direitos, benefícios e privilégios por outros cidadãos". Em *Saia vs. People of State of New York* (334 *U.S.* 558, 1948), no qual discutiu-se a possibilidade de regulamentação do uso de parques públicos para fins de reunião e ensino, o Tribunal entendeu que, na aferição da constitucionalidade das disposições locais, deveriam ser sopesados os múltiplos interesses da comunidade, mas, nesse processo, "deve-se atentar para a manutenção das liberdades da Primeira Emenda numa posição preferente". Em decorrência da relevância dos direitos a serem protegidos, o Tribunal afasta-se da postura de autocontenção (*self-restraint*) que costuma adotar e, nos dizeres do Justice Stone, realiza uma *"more exacting judicial scrutiny"* (*United States vs. Carolene Products CO* (304 *U.S.* 144, 1938)), desempenhando um papel de singular importância na defesa dos direitos individuais.

como Declaração de Direitos da Virgínia.[36] E que, em momento ainda anterior, a Declaração de New Hampshire, de 5 de janeiro de 1776, e a Constituição da Carolina do Sul, de 26 de março de 1776, já faziam menção aos direitos individuais.

Em terras francesas, a luta contra o arbítrio e o almejado reconhecimento de um rol mínimo de direitos para o povo também foram o sopro anímico dos acontecimentos que lá transcorreram. A distinção residia no *status* do opressor. Ao invés de um inimigo externo, materializado em uma metrópole que explorava a colônia a si subjugada, tinha-se um inimigo interno, refletido em um regime político organizado em ordens (*rectius*: castas), em que a maior parte da população era desprovida de direitos. No plano político, prevalecia a monarquia absoluta; no econômico, uma organização preponderantemente rural.

O Antigo Regime francês, designativo utilizado para individualizar o período compreendido entre os séculos XVI e XVIII, era caracterizado por uma sociedade hierarquizada em três ordens ou estados: a nobreza, o clero e o povo.[37] Enquanto as duas primeiras detinham o poder e os privilégios, à última somente restava o trabalho, sem direitos correlatos. A igualdade de todos perante lei sequer era co-

---

[36] A Declaração de Direitos da Virgínia dispunha, em seu art. 1º, que *"all men are by nature equally free and independent and have certain inherent rights, of which, when they enter into a state of society, they cannot, by any compact, deprive or divest their posterity; namely, the enjoyment of life and liberty, with the means of acquiring and possessing property, and pursuing and obtaining happiness and safety"*. Cf. COGAN, Neil H. *The complete Bill of Rights*. Op. cit., p. 13 e ss.

[37] Cf. BELO, Filomena; OLIVEIRA, Ana. *O que foi a Revolução Francesa*. Coimbra: Quimera, 2001, p. 9.

gitada. Cada ordem estava sujeita a uma sistemática específica. À nobreza eram reservadas a magistratura judicial e as altas patentes do exército; além disso, também possuía foro próprio e os seus membros não podiam sofrer penas degradantes. O clero era regido por um sistema jurídico específico, o direito canônico, de modo que os seus membros eram julgados por seus próprios pares. Não bastasse isso, o clero e a nobreza estavam isentos de impostos e tinham reconhecido, para as suas classes mais elevadas, o direito de imunidade, o que lhes possibilitava abrigar foragidos da justiça. A força de trabalho da plebe era explorada até o limite de suas forças: pagava pelo uso da terra, era onerada por uma carga tributária excessiva e não tinha reconhecida qualquer liberdade oponível aos poderes constituídos. Mesmo a incipiente burguesia, não obstante os recursos que ostentava, não podia participar da formação da vontade geral e não tinha direitos reconhecidos.

É importante ressaltar que a total ausência de igualdade manifestava-se mesmo no interior das três ordens, sendo cada uma delas estruturada com escalonamentos internos. A transposição entre as ordens, conquanto viável, somente era possível no plano horizontal, não no plano vertical. A progressão interna era de difícil ocorrência, sendo o mérito individual relegado a plano secundário, subjugado que era pelas benesses da ascendência privilegiada. A situação das classes mais baixas do clero não apresentava distinção substancial em relação à plebe, ostentando, ambas, penúria similar.

A plebe em geral integrava a Terceira Ordem ou, na expressão mais difundida, o Terceiro Estado. A massa de miseráveis formava a grande maioria, enquanto a burguesia não passava de uma escassa minoria, apresentando escalonamentos que se estendiam dos detentores do capital, classe mais abastada, aos pequenos artesãos, que se dedicavam ao trabalho manual e estavam em situação semelhante à do povo. Embora tenha superado a nobreza nos planos econômico e cultural, a burguesia, por pertencer ao Terceiro Estado, tinha poucos direitos reconhecidos e, em razão de vedação legal, não podia ter acesso a determinados bens de consumo.

A ascensão da burguesia foi o pano de fundo da Revolução Francesa. O *status quo* era marcado pelo absolutismo no processo decisório e pelos privilégios outorgados às classes dominantes, o que se mostrava incompatível com a pretensão burguesa de participar da vida política e de ter um rol mínimo de direitos reconhecido. Essa tensão dialética entre concepções ideológicas nitidamente incompatíveis entre si, agravada pela carência de gêneros alimentícios, fez que Luís XVI, em outubro de 1788, prometesse convocar os Estados Gerais,[38] o que não ocorria desde 1614. O regulamento eleitoral de janeiro de 1789, seguindo uma concepção bem difundida no alvorecer do liberalismo, somente reconhecia o direito de voto àqueles que pagassem impostos, o que impedia a participação de grande parte do povo e praticamente restringia à burguesia a representatividade do Terceiro Estado nos Estados Gerais.

---

[38] Os Estados Gerais nada mais eram que a reunião dos três Estados – a nobreza, o clero e o povo – em Assembleia, tendo por objeto a deliberação de matérias de interesse da Nação. Apesar de representarem todos os segmentos sociais, os ares democráticos eram tão somente aparentes. O Terceiro Estado, embora mais numeroso, reunia-se separadamente e tinha peso inferior à nobreza e ao clero, que conduziam as deliberações.

Os trabalhos foram iniciados em 5 de maio de 1789 e, em razão da intransigência do clero e da nobreza, que somavam apenas 200.000 indivíduos, os deputados do Terceiro Estado recusaram-se a formar uma Câmara particular e se autoproclamaram, em 17 de junho, "Assembleia Nacional". Essa iniciativa foi repudiada e declarada nula, por Luís XVI, no pronunciamento que fez no dia 23. Em razão da pressão popular e da adesão de alguns nobres ao movimento, o Rei, no dia 25, convocou os demais deputados da nobreza e do clero para integrarem-se à Assembleia Nacional, sendo este o início do fim da autoridade real. Como desdobramento natural desse processo, os deputados do Terceiro Estado, atuando como verdadeiros cidadãos, insurgiram-se contra o Antigo Regime, defendendo a reorganização da sociedade. Em 7 de julho de 1789, a Assembleia Nacional proclamou-se "Assembleia Constituinte."[39]

Um dos principais legados da Revolução Francesa foi a célebre Declaração dos Direitos do Homem e do Cidadão, de 1789. Harmônica com as concepções políticas e filosóficas da época, a Declaração apregoa uma concepção individualista de sociedade. Busca assegurar o máximo de independência aos homens em sua coexistência social e impõe limites ao exercício do poder estatal, o que denota-

---

[39] O principal fundamento teórico sobre a existência do Poder Constituinte foi oferecido pelo Abade Sieyès, em sua célebre obra *Qu'est-ce que le Tiers-État?* (SIEYÈS, Emmanuel Joseph. *Qu'est-ce que le Tiers-État?* 3. ed. Paris, 1789). O grande pensador principiou sua obra apresentando as respostas a três questionamentos: "1º O que é o Terceiro Estado? Tudo. 2º O que ele foi na ordem política até o presente? Nada. 3º O que ele pede? Ser alguma coisa". Ali foi estabelecida a distinção entre Poder Constituinte e Poder Constituído: aquele atribuído à Nação, este último aos governantes.

A liberdade e o seu fundamento existencial **43**

va um franco rompimento com o paradigma absolutista.[40] Em razão de sua inegável plasticidade formal, ostentando as características da abstração, universalidade e intemporariedade,[41] foi grande a sua difusão no Ocidente. Trata-se de documento coeso que não se limita a enunciar a imperativa observância da liberdade individual. Dispõe, igualmente, sobre a organização do poder político, com o reconhecimento da soberania nacional (arts. 3º e 6º), da necessidade de existir uma força pública (art. 12) custeada pelos cidadãos (art. 13), da imperativa aceitação dos tributos pela população (art. 14), da responsabilidade dos agentes públicos (art. 15), da lei enquanto expressão da vontade geral (16) e da separação dos poderes (art. 16).

O designativo *Declaração* é bem sugestivo a respeito do seu fundamento filosófico de sustentação. O objetivo, longe de ser o de constituir um sistema jurídico-protetivo da esfera individual, é o explicitar uma base de valores inerente a determinado ambiente sociopolítico, reconhecendo a sua preexistência ao direito posto.[42] Não é por outra razão que, em seu preâmbulo, fez menção solene aos "direitos naturais, inalienáveis e sagrados do homem". É evidente a influência exercida por documentos anteriores, do que é exemplo do *Bill of Rights* da Virgínia, que se reportava aos direitos pertencentes ao povo e à sua posteridade (*"wich rights do pertain to them and their posterity"*), isso em um es-

---

[40] Cf. HAMON, Francis; TROPER, Michel; BURDEAU, Georges. *Manuel de droit constitutionnel*. 27. ed. Paris: L.G.D.J, 2001, p. 304.

[41] Cf. PACTET, Pierre. *Institutions politiques, droit constitutionnel*. 14. ed. Paris: Masson, Armand Colin, 1995, p. 124.

[42] Cf. HAMON, Francis; TROPER, Michel; BURDEAU, Georges. *Manuel de droit constitutionnel*. Op. cit., p. 45.

tado de natureza. Também a Declaração de Independência dos Estados Unidos da América adotara técnica similar, fazendo referência às verdades evidentes do direito natural (*"self-evident truths"*) e à constatação de que todos os homens são criados de forma igual (*"all men are created equal"*).

O *status* de homem livre e a possibilidade de participação no processo de formação da vontade estatal sofriam grande influência dos recursos materiais de que se dispunha. Quem deles não dispusesse haveria de ser um servo ou, quando muito, poderia ser livre, mas sem participar da vontade estatal. Não é por outra razão que o voto censitário foi amplamente utilizado durante largos períodos de desenvolvimento do Estado Democrático, principiando no final do século XVIII e somente entrando em declínio no curso do século XX.[43]

A função basilar do aparato estatal seria a de permitir que a liberdade negativa fosse realizada da forma mais ampla possível no âmbito de uma sociedade. E essa liberdade poderia ter um valor intrínseco ou ter sua valoração

---

[43] Charles A. Beard, referindo-se à Constituição norte-americana, assim se manifestou: *"[i]n an examination of the structure of American society in 1787, we first encounter four groups whose economic status had a definite legal expression: the slaves, the indented servants, the mass of men who could not qualify for voting under the property tests imposed by the state constitutions and laws, and women, disenfranchised and subjected to the discrimination of the common law. These groups were, therefore, not represented in the Convention wich drafted the Constitution, except under the theory that representation has no relation to voting"* (BEARD, Charles A. *An economic interpretation of the Constitution of the United States*. New York: The Free Press, 1963, p. 24).

atrelada aos benefícios que traz consigo, o que é típico das concepções utilitaristas.[44]

2.4 A transição entre naturalismos, positivismos e pós-positivismos

A explicação a respeito de quando, como e com que intensidade fatores axiológicos podem influir no surgimento de enunciados deônticos é daqueles temas que se interpenetram com tal intensidade com a ciência jurídica que é difícil imaginar a existência de uma delas dissociada da outra. Nesse particular, as principais polêmicas existentes foram protagonizadas pelas teorias naturais e positivas, às quais juntaram-se, em passado mais recente, as construções pós-positivistas.

Apesar das múltiplas variações que apresentam, encontrando o seu alicerce de sustentação em uma pluralidade de referenciais metafísicos, do que é exemplo o referencial mais amplo de justiça, já mencionado, as teorias naturalistas convergem no reconhecimento de que o direito posto mostra-se insuficiente e que certas normas jurídicas preexistem à atuação do poder estatal. Hão de ser conhecidas, não propriamente criadas. Na síntese de Giorgio Del Vecchio,[45] o direito natural *"é o critério absoluto do justo"*.

---

[44] O utilitarismo, enquanto abordagem de feição "consequencialista", justifica a correção de um proceder a partir da maximização das consequências benéficas. Cf. MULGAN, TIM. *The demands of consequentialism*. Oxford: Oxford University Press, 2005, p. 25 e ss.

[45] VECCHIO, Giorgio Del. *Lições de filosofia do direito*. Tradução de António José Brandão. 5. ed. Coimbra: Armênio Amado, 1979, p. 334.

As teorias naturalistas, ao serem utilizadas para fundamentar a existência e o dever de proteção dos direitos humanos, apresentam deficiências bem nítidas quando contextualizadas no plano sociológico. O recurso a referenciais metafísicos, passíveis de mera verificação, como são aqueles alicerçados na razão, no estado de natureza ou na divindade, fez surgir uma expectativa a respeito de uma possível identidade entre os sistemas jurídicos. Aristóteles,[46] aliás, há muito afirmara que o direito natural *"é aquele que tem em todas as partes a mesma força, independente do que pareça ou não"*. O grande complicador é que a realidade do mundo natural não é a mesma em todo lugar. Nem todos os povos têm o mesmo nível civilizatório ou conceitos idênticos de certo e errado. Como os padrões de ordem axiológica apresentam sensíveis variações de sociedade para sociedade, não é possível sustentar, como fazem as teorias naturalistas, a sua estabilidade, permanência e irrestrita generalidade. Não bastasse isso, a efetividade das "normas naturais", por vezes, não prescinde da intervenção do aparato estatal, que costuma deter, nos termos da lei, o monopólio do uso da força, ressalvadas, obviamente, as situações de desforço imediato. O direito natural, portanto, não teria como subsistir autonomamente.

Igualmente numerosas, as teorias positivistas apresentam sensíveis distinções quando cotejadas entre si, embora todas reconheçam a existência do direito posto. Bobbio,[47]

---

[46] ARISTÓTELES. *Etica Nocomachea*. Tradução de Claudio Mazzarelli. Milão: Bompiani Testi a Fronte, 2007, Livro V, 1.134b, p. 21.

[47] BOBBIO, Norberto. *O positivismo jurídico*: lições de filosofia do direito. Tradução de Marcio Pugliesi, Edson Bini e Carlos E. Rodrigues. São Paulo: Ícone, 1995, p. 233-237; e BOBBIO, Norberto. Sul positivismo giuridico. *RF*, nº LII, 1961, p. 14 e ss.

em monografia dedicada ao tema, identificava três possibilidades de uso, não necessariamente conectadas entre si, do significante positivismo. Enquanto *método*, aponta para a oposição ao direito natural, denotando o modo de análise do direito, sendo possível distinguir o "direito real", a ser meramente descrito, do "direito ideal", a ser objeto de valoração. Como *teoria*, o positivismo engloba seis concepções sobre a natureza do direito, as três primeiras (coativa, legal e imperativa) formam os seus alicerces fundamentais, e as outras três (coerência, completude e interpretação mecânica do ordenamento) delineiam o positivismo em sentido amplo. Por fim, ao assumir a feição de *ideologia*, é passível de ser visualizado em sentido fraco, apontando para a necessária encampação de certos valores pelo direito, ou em sentido forte, o que o torna alheio a considerações de ordem moral, sendo imperativa a sua observância qualquer que seja o conteúdo.

A principal crítica oposta ao positivismo, principalmente após os desatinos do nacional-socialismo à época da Segunda Guerra Mundial, encontra-se justamente na possibilidade de o direito posto receber qualquer conteúdo. Apesar de direcionar-se a uma visão do positivismo enquanto ideologia, essa crítica tem sido refletidamente estendida a todas as teorias positivistas.

Se direcionarmos nossas atenções para as construções que analisam o positivismo enquanto método, de modo a realçar a sua oposição ao direito natural e a sua total independência em relação a referenciais afetos à moral e à justiça, é inevitável a conclusão de que o seu fim primordial é o de atribuir preeminência à lei,[48] assegurando, com isso, a certeza e a previsibilidade no âmbito das relações jurídicas. Essas construções terminam por ver o direito como um sistema fechado, indiferente à base de valores subjacente ao ambiente sociopolítico. Enquanto as teorias naturalistas obtêm a norma a partir de uma base axiológica, o positivismo enquanto método identifica a norma e, ato contínuo, procede ao seu cotejo com a moral. Enquanto a existência de uma *norma injusta* é absolutamente incompatível com as teorias naturalistas, o positivismo enquanto método vê o seu aparecimento com absoluta naturalidade. O final do século XIX testemunhou a hegemonia das teorias positivistas e uma ampla resistência às teorias naturalistas. Apesar disso, o seu grande desenvolvimento teórico somente foi obtido com a teoria normativista de Kelsen.[49]

A barbárie nazista, em que inúmeras atrocidades foram praticadas com base no direito posto, conduziu, quase que intuitivamente, a um "renascimento do direito natural" (*"Naturrechtsrenaissance"*).[50] Longe de ser opção refletida e norteada pelo bom senso, foi uma reação extremada às atrocidades praticadas sob o manto do direito posto. Com isso, o direito natural assume os contornos de "regra de crítica jurídica",[51] passando a ser visto como paradigma do

---

[48] Cf. ZAGREBELSKY, Gustavo. *Il diritto mite*: legge, diritto, giustizia. Turim: Einaudi, 2010, p. 38.

[49] KELSEN, Hans. *Teoria pura do direito*. Tradução de João Baptista Machado. 6. ed. São Paulo: Martins Fontes, 2003.

[50] Cf. RENSMANN, Thilo. *Wertordnung und Verfassung*: das Grundgesetz im Kontext grenzüberschreitender Konstitutionalisierung. Tübingen: Mohr Siebeck, 2007, p. 29.

[51] WIEACKER, Franz. *Historia del derecho privado de la edad moderna*. Tradução de Francisco Fernández Jardón. Madrid: Aguilar, 1957, p. 209.

A liberdade e o seu fundamento existencial **49**

justo. Esse pretenso reaparecimento do direito natural, em verdade, evidenciou que o direito não pode subsistir à margem de uma permeabilidade axiológica. E os valores que nele penetram, longe de estarem estritamente vinculados ao território de um Estado de Direito, podem assumir contornos mais amplos, afetos à sociedade internacional concebida como um todo. Essa concepção de ordem axiológica em muito fortaleceu o papel desempenhado pelo direito internacional e afrouxou a rigidez aparentemente indelével da noção de soberania.

Em regimes democráticos, marcados pela normalidade institucional e harmônicos com a base de valores subjacente à sociedade internacional, a necessidade de recorrer-se a conceitos como o de direito natural é sensivelmente minimizada. Apesar disso, é inegável a constatação de que construções teóricas de contornos puramente formais, que apregoem a neutralidade da ordem jurídica em relação à sua base cultural de sustentação, não se compatibilizam com a realização do referencial mais amplo de justiça. As ordens jurídicas contemporâneas, nos planos interno e internacional, têm absorvido dogmas historicamente associados ao direito natural. Trata-se de fenômeno particularmente intenso em se tratando de reconhecimento e proteção dos direitos humanos, e refletiria uma verdadeira "positivação do direito natural".[52]

A partir da concepção de positivismo enquanto método, é possível afirmar que, após o reconhecimento do primado da lei, o advento do constitucionalismo pode ser visto

---

[52] Cf. CAPPELLETTI, Mauro. *O controle de constitucionalidade das leis no direito comparado*. 2. ed. Porto Alegre: Sergio Antonio Fabris Editor, 1992, p. 54.

como o epicentro de sua segunda revolução. Afinal, passou-se a reconhecer a existência de uma norma superior do sistema, da qual emanam todas as demais, e que ainda exige um processo legislativo diferenciado para a sua alteração. De modo paralelo, teve-se o reconhecimento da permeabilidade axiológica do direito, que é nitidamente potencializada no âmbito do constitucionalismo, o que foi certamente influenciado pela maior abertura semântica dos enunciados linguísticos de natureza constitucional e pela crescente importância assumida pelas normas de estrutura principiológica, expressas ou implícitas no sistema.[53]

O papel que passou a ser desempenhado pelos princípios jurídicos, cuja permeabilidade axiológica é particularmente intensa, exerceu grande influência no desenvolvimento teórico das correntes metodológicas enquadradas sob a epígrafe do *neoconstitucionalismo* ou, caso utilizemos o positivismo enquanto método como paradigma de análise, do *pós-positivismo*.[54] No importante Caso Lüth,[55] o Tribunal Constitucional Federal alemão (*Bundesverfassungsgericht*) reconheceu a existência de uma "ordem objetiva de valores"

---

[53] Cf. ZAGREBELSKY, Gustavo. *Il diritto mite*. Op. cit., p. 147 e ss.

[54] Forgó e Somek veem as correntes de pensamento pós-positivista (*Nachpositivistisches Rechtsdenken*) como partes de uma "teoria do saber jurídico" (FORGÓ, Nikolaus; SOMEK, Alexander. *Theorie des rechtlichen Wissens*), sendo o resultado da comunicação entre o direito e a realidade subjacente ao ambiente sociopolítico (FORGÓ Nikolaus; SOMEK, Alexander. *Nachpositivistisches Rechtsdenken*. In: BUCKEL, Sonja; CHRISTENSEN, Ralph; FISCHER-LESCANO, Andreas (Org.). *Neue Theorien des Rechts*. 2. ed. Stuttgart: Lucius & Lucius, 2009, p. 253 e ss).

[55] *BVerfGE* 7, 198 (205), 1958.

no plano constitucional,[56] de modo que a Lei Fundamental (*Grundgesetz*) passou a ser vista não como uma "ordem quadro" (*Rahmenordnung*) para a ação do legislador, mas como o alicerce de desenvolvimento da própria ordem social, influenciada pelos valores que a partir dela são estruturados.

Concepções pós-positivistas distanciam-se do naturalismo, em primeiro lugar, por não desconsiderarem a importância dos balizamentos oferecidos pelos enunciados linguísticos inseridos na Constituição formal, bem como por reconhecerem a função de integração criativa desempenhada pelo intérprete, que participa, efetivamente, da construção dos padrões normativos. Quanto ao positivismo enquanto método, distinguem-se por serem plenamente receptivas aos influxos morais, do positivismo enquanto teoria, por não reconhecerem a hegemonia da Constituição formal, que não seria suscetível, apenas, de uma interpretação mecânica, e do positivismo enquanto ideologia, por ser avesso à injustiça e à cega obediência.[57]

A liberdade, quando vista com as lentes do pós-positivismo, assume contornos essencialmente principiológicos, o que a torna sensível, no delineamento do seu conteúdo e na verificação de suas potencialidades de realização, aos influxos de natureza axiológica auferidos no ambiente sociopolítico. Não é por outra razão que textos de contornos

---

[56] Cf. RENSMANN, Thilo. *Wertordnung und Verfassung*: das Grundgesetz im Kontext grenzüberschreitender Konstitutionalisierung. Tübingen: Mohr Siebeck, 2007, p. 68 e ss.

[57] Cf. STRECK, Lenio Luiz. A hermenêutica filosófica e as possibilidades de superação do positivismo pelo (neo)constitucionalismo. In: LEITE SAMPAIO, José Adércio (Org.). *Constituição e crise política*. Belo Horizonte: Del-Rey, 2006, p. 273 (275).

semânticos e sintáticos praticamente idênticos dão origem a liberdades sensivelmente distintas quando cotejadas entre si.

3 A implicação recíproca entre democracia e liberdade

Não é exagero afirmar que democracia e liberdade são grandezas diretamente proporcionais, de modo que o crescimento de uma há de acarretar o desenvolvimento da outra. Os Estados contemporâneos têm sido caracterizados por uma intensa participação popular na formação da vontade política das estruturas estatais de poder, o que praticamente inviabiliza a existência de monarquias nos moldes adotados na antiguidade. O governo de um só, sem qualquer renovação do poder, chega a ser reminiscência histórica, tamanha a raridade com que é encontrado na atualidade. Mesmo os Estados que ainda preservam a forma monárquica, nela injetaram influxos republicanos (*v.g.*: com a utilização de sistemas parlamentares de governo).

O caráter republicano de um governo decorre do reconhecimento de que todo poder emana do povo, que o exerce diretamente ou por meio de representantes temporariamente imbuídos desse *munus*. Como fora afirmado por Madison,[58] "[é] suficiente, para que tal governo exista, que os administradores do poder sejam designados direta ou indiretamente pelo povo; mas, sem esta condição sine qua non, qualquer governo popular que se organize nos Esta-

---

[58] HAMILTON, Alexander; MADISON, James; JAY, John. *The federalist*. New York: Barnes & Noble Classics, 2006.

dos Unidos, embora bem organizado e bem administrado, perderá infalivelmente toda a natureza republicana".

A necessária conexão que deve existir entre representantes eleitos e povo é instrumentalizada pela democracia, que, etimologicamente, como lembrado por Sartori,[59] significa "poder do povo". Daí o dizer de Leibholz[60] no sentido de que democracia é "domínio, império do povo sobre si mesmo". A plena operatividade da democracia exige a convergência de dois fatores: o primeiro, afeto à filosofia política, indica que o Estado é meio para servir à pessoa humana; o segundo, inerente à participação política, denota que os cidadãos devem participar, "pelo consentimento, do fundamento (Estado de Direito) e do funcionamento (direitos políticos) do poder".[61]

A democracia está estritamente conectada à noção de pluralismo, caracterizado pelo respeito mútuo e pelo livre debate de ideias e opiniões. A efetividade do pluralismo, por sua vez, somente é teórica e pragmaticamente viável quando acompanhada do pluripartidarismo. Sistemas unipartidários, como aqueles adotados na Alemanha nazista ou na Itália fascista, ou que apresentem um quantitativo limitado de partidos, com intensa influência do poder dominante, como era o bipartidarismo brasileiro do Estado Novo, mostram-se nitidamente incompatíveis com a noção de democracia, que deixa de existir para além do plano se-

---

[59] SARTORI, Giovanni. *Théorie de la democratie*. Tradução de Christiane Hurtig. Paris: Librairie Armand Colin, 1973, p. 3.

[60] LEIBHOLZ, Gerhard. *Conceptos fundamentales de la política y de teoría de la constitución*. Tradução de Jesús Fueyo. Madrid: Civitas, 1964, p. 104.

[61] SOUZA JR., Cezar Saldanha. *A crise da democracia no Brasil*: aspectos políticos. Rio de Janeiro: Forense, 1978, p. 193.

mântico. Afinal, impedem o debate de ideias e a alternância ideológica do poder, ao que se soma a constatação de que a falsa unanimidade que aparentam oferecer não é um aspecto positivo do sistema, mas a sua maior debilidade.

Além do pluralismo, que coexiste com a vontade da maioria, assegurando, por via reflexa, a proteção das minorias, é imperativo que seja assegurada a liberdade que permite o seu aflorar. Para que o liberalismo esteja presente, é necessário que que a vontade individual seja respeitada mesmo quando dissonante da vontade majoritária. Em ambientes democráticos, sempre foram as ideias liberais que deram sustentação à proteção dos direitos individuais. Não fossem elas, a democracia, em seu estado puro, levaria à total submissão da liberdade individual à vontade da maioria. De acordo com Anne-Marie Le Pourhiet,[62] a expressão "democracia liberal" designa uma democracia temperada por contrapoderes aristocráticos com o objetivo de garantir as liberdades. A divisão das funções estatais, de todo incompatível com a "democracia pura", nada mais é que o corretivo liberal de natureza aristocrática introduzido na democracia, restringindo, desse modo, o potencial expansivo da vontade da maioria.

Também não podemos falar em democracia à margem do referencial de isonomia. Para que a vontade da maioria seja preferida, é necessário que todos sejam vistos como iguais. Com isso, virtudes e defeitos individuais são devidamente considerados na composição da identidade coletiva. À margem da igualdade, ao menos sob a ótica de formação da vontade política, não há democracia, mas pura e

---

[62] POURHIET, Anne-Marie Le. Définir la démocratie. *Revue Française de Droit Constitutionnel*, nº 87, jul. 2011, p. 453 (464).

simples aristocracia. Ambientes democráticos são refratários ao arbítrio e ao personalismo. A vontade, responsável pelo tracejar da ordem jurídica, é coletiva, não individual. Quando o individual se sobrepõe ao coletivo, eliminando-o ou tornando-o meramente figurativo, ali deixa de existir a democracia.

Epílogo

Compreender a *ratio essendi* da liberdade individual é compreender o ser humano e o que o há de mais precioso em cada sopro de sua vida. A exemplo do oxigênio, que, sem percebermos, flui em nossos pulmões e permite a continuidade da vida, também a liberdade flui em nossas ações e dá um sentido à nossa existência, muitas vezes sem notarmos a sua importância. Em Estados de democracia tardia, que conviveram com longos períodos de regimes de exceção, discernimento e vigilância são fatores de vital importância para a conquista e a preservação da liberdade.

Há valores com os quais nenhum povo, por mais iletrado que seja, deve transigir. Afinal,

"Tu sabes,
conheces melhor do que eu
a velha história.
Na primeira noite eles se aproximam
e roubam uma flor
do nosso jardim.
E não dizemos nada.
Na segunda noite, já não se escondem:
pisam as flores,

matam nosso cão,

e não dizemos nada.

Até que um dia,

o mais frágil deles

entra sozinho e nossa casa,

rouba-nos a luz e,

conhecendo nosso medo,

arranca-nos a voz da garganta.

E já não podemos dizer nada."[63]

Referências

ALDERMAN, Ellen; KENNEDY, Caroline. *In our defense*: the bill of rights in action. New York: Avon Books, 1998.

ARISTÓTELES. *Ética Nicomachea*. Tradução de Claudio Mazzarelli. Milão: Bompiani, 2007.

BERGAL, Jean-Louis. *Teoria geral do direito*. Tradução de Maria Hermantina de Almeida Prado Galvão. São Paulo: Martins Fontes, 2006.

BEARD, Charles A. *An economic interpretation of the Constitution of the United States*. New York: The Free Press, 1963.

BELO, Filomena; OLIVERIA, Ana. *O que foi a Revolução Francesa*. Coimbra: Quimera, 2001.

BENTHAM, Jérémie. *Traités de legislation civile et penale*. In: BENTHAM, Jérémie. *Oeuvres*. Bruxelles: Société Belge de Librairie, 1840. t. 1.

BERLIN, Isaiah. *Two concepts of liberty*. Oxford: Clarendon Press, 1958.

---

[63] COSTA, Eduardo Alves da. No caminho, com Maiakóvski. In: PINTO, José Nêumanne (Org.). *Os cem melhores poetas brasileiros do século*. São Paulo: Geração Editorial, 2001, p. 218.

A liberdade e o seu fundamento existencial **57**

BILANCIA, Francesco. *I diritti fondamentali come conquiste sovrastatali di civiltà*: il diritto di proprietà nella CEDU. Turim: G. Giappichelli, 2000.

BOBBIO, Norberto. *O positivismo jurídico*: lições de filosofia do direito. Tradução de Marcio Pugliesi, Edson Bini e Carlos E. Rodrigues. São Paulo: Ícone, 1995.

_____. Sul positivismo giuridico. *RF*, nº LII, 1961, p. 14.

CAPPELLETTI, Mauro. *O controle de constitucionalidade das leis no direito comparado*. 2. ed. Porto Alegre: Sergio Antonio Fabris Editor, 1992.

CARRARA, Francesco. *Programa de derecho criminal*: parte general (programma del corso di diritto criminale dettato nella regia Università di Pisa. 3. ed. Tradução de José Ortega Torres. Santa Fe de Bogotá: Temis, 2000. v. 2.

COGAN, Neil H. *The complete Bill of Rights*: the drafts, debates, sources and origins. New York: Oxford University Press, 1997.

_____. *The complete Bill of Rights*. Oxford: Oxford Unviersity Press, 1997.

CONSTANT, Benjamin. De la liberté des anciens comparée a celle des modernes. In: CONSTANT, Benjamin. *Cours de politique constitutionnelle ou collection des ouvrages publiés sur le gouvernement représentatif*. 2. ed. Paris: Librairie de Guillaumin et Cie, 1872. t. II.

COSTA, Eduardo Alves da. No caminho, com Maiakóvski, 1936. In: PINTO, José Nêumanne (Org.). *Os cem melhores poetas brasileiros do século*. São Paulo: Geração Editorial, 2001.

CUPIS, Adriano de. *I diritti della personalità*. Milão: Giuffrè, 1950.

FLEINER-GERSTER. Thomas. *Teoria geral do Estado*. Tradução de Marlene Holzhausen. São Paulo: Martins Fontes, 2006.

FORGÓ Nikolaus; SOMEK, Alexander. *Nachpositivistisches Rechtsdenken*. In: BUCKEL, Sonja; CHRISTENSEN, Ralph; FISCH-

ER-LESCANO, Andreas (Org.). *Neue Theorien des Rechts*. 2. ed. Stuttgart: Lucius & Lucius, 2009.

HAMILTON, Alexander; MADISON, James; JAY, John. *The federalist*. New York: Barnes & Noble Classics, 2006.

HAMON, Francis; TROPER, Michel; BURDEAU, Georges. *Manuel de droit constitutionnel*. 27. ed. Paris: L.G.D.J, 2001.

HAURIOU, Maurice. *Précis de droit constitutionnel*. 2. ed. Paris: Recueil Sirey, 1929.

HOBBES, Thomas. *Leviatã ou matéria, forma e poder de um estado eclesiástico e civil*. Tradução de Alex Marins. São Paulo: Martin Claret, 2005.

KANT, Immanuel. *Fundamentação da metafísica dos costumes*. São Paulo: Abril Cultural, 1973. (Coleção Os Pensadores).

KELSEN, Hans. *Teoria pura do direito*. Tradução de João Baptista Machado. 6. ed. São Paulo: Martins Fontes, 2003.

LEIBHOLZ, Gerhard. *Conceptos fundamentales de la política y de teoría de la constitución*. Tradução de Jesús Fueyo. Madrid: Civitas, 1964.

LOCKE, John. *Segundo tratado sobre o governo*. Tradução de Alex Marins. São Paulo: Martin Claret, 2005.

MAQUIAVEL, Nicolau. *O príncipe*. Tradução de Maria Lúcia Cumo. São Paulo: Paz e Terra, 1996.

MONTESQUIEU. *De l'esprit des lois*. Paris: Garnier, 1949. t. 1.

MULGAN, Tim. *The demands of consequentialism*. Oxford: Oxford University Press, 2005.

PACTET, Pierre. *Institutions politiques, droit constitutionnel*. 14. ed. Paris: Masson, Armand Colin, 1995.

PETTIT, Philip. *Teoria da liberdade*. Tradução de Renato Sergio Pubo Maciel. Belo Horizonte: Del Rey, 2007.

_____. Liberalisme. In: CANTO-SPERBER, Monique (Coord.). *Dictionnaire d'étique et de philosophie morale*. Paris: Presses Universitaires de France, 2004. v. 2.

POURHIET, Anne-Marie Le. Définir la démocratie. *Revue Française de Droit Constitutionnel*, nº 87, jul. 2011, p. 453.

PRICE, Richard. *Political writings*. Cambridge: Cambridge University Press, 1991.

RADBRUCH, Gustav. *Filosofia do direito*. Tradução de Marlene Holzhausen. São Paulo: Martins Fontes, 2004.

RAKOVE, Jack. *The beginnings of national politics*: an interpretative history of the continental congress. New York: Knopf, 1979.

RAWLS, John. *A theory of justice*. Oxford: Oxford University Press, 1971.

RENSMANN, Thilo. *Wertordnung und Verfassung*: das Grundgesetz im Kontext grenzüberschreitender Konstitutionalisierung. Tübingen: Mohr Siebeck, 2007.

RICE, Charles. The Bill of Rights and the doctrine of incorporation. In: HICKOK JR., Eugene W. *The Bill of Rights*: original meaning and current understanding. Virginia: University Press of Virginia, 1991.

RIGBY, Stephen Henry. *Marxism and history*: a critical introduction. 2. ed. Manchester: Manchester University Press, 1998.

RIVERO, Jean; MOUTOUH, Hugues. *Libertés publiques*. Paris: Presses Universitaires de France, 2003. t. 1.

SARTORI, Giovanni. *Théorie de la democratie*. Tradução de Christiane Hurtig. Paris: Librairie Armand Colin, 1973.

SIEYÉS, Emmanuel Joseph. *Qu'est-ce que le Tiers-État?* 3. ed. Paris, 1789.

SMITH, Adam. *A riqueza das nações*. Tradução de Teodora Cardoso e Luís Cristóvão de Aguiar. 4. ed. Lisboa: Fundação Calouste Gulbenkian, 1999. v. I e II.

SOUZA JR., Cezar Saldanha. *A crise da democracia no Brasil*: aspectos políticos. Rio de Janeiro: Forense, 1978.

SPINOZA, Benedictus de. Ética. Tradução de Tomaz Tadeu. Belo Horizonte: Autêntica, 2009.

60 A LIBERDADE DOS ANTIGOS COMPARADA À DOS MODERNOS • CONSTANT

STEINER, Hillel. Libertarianisme. In: CANTO-SPERBER, Monique (Coord.). *Dictionnaire d'étique et de philosophie morale*. Paris: Presses Universitaires de France, 2004. v. 2.

STRECK, Lenio Luiz. A hermenêutica filosófica e as possibilidades de superação do positivismo pelo (neo)constitucionalismo. In: LEITE SAMPAIO, José Adércio (Org.). *Constituição e crise política*. Belo Horizonte: Del-Rey, 2006.

TRIBE, Lawrence H. *The invisible constitution*. Oxford: Oxford University Press, 2008.

VECCHIO, Giorgio Del. *Lições de filosofia do direito*. Tradução de António José Brandão. 5. ed. Coimbra: Armênio Amado, 1979.

WIEACKER, Franz. *Historia del derecho privado de la edad moderna*. Tradução de Francisco Fernández Jardón. Madrid: Aguilar, 1957.

ZAGREBELSKY, Gustavo. *Il "crucifige!" e la democrazia*. Turim: Giulio Einaudi Editore, 1995.

_____. *Il diritto mite*: legge, diritto, giustizia. Turim: Einaudi, 2010.

_____; MARTINI, Carlo Maria. *La domanda di giustizia*. Turim: Giulio Einaudi Editore, 2003.

NOTA BIOGRÁFICA[1]

Benjamin Constant nasceu em 23 de outubro de 1767, na casa dos Chandieu, situada em Saint-François, Lausanne. Em 10 de novembro, ocorre a morte de sua mãe.

1772 a 1774 – é entregue ao primeiro preceptor, Stroelin.

1774 a 1775 – seu pai o leva para Bruxelas, confiando sua educação ao major-médico De la Grange. Nesse período, escreve as primeiras cartas à sua avó Constant.

1775 a 1776 – permanece com seu pai na Suíça.

1776 a 1777 – passa a ter um novo preceptor, o Senhor Gobert.

1777 a 1778 – prossegue seus estudos com o preceptor Duplessis, deslocando-se entre Lausanne, Bruxelas e Holanda.

1779 – compõe um romance heroico em cinco cantos: *Les chevaliers* (Os cavaleiros).

---

[1] Cf. CONSTANT, Benjamin. *Oeuvres*. Paris: Gallimard, 1957, p. 13-34.

1780 – realiza sua primeira viagem à Inglaterra com seu pai, que o coloca aos cuidados de um jovem preceptor inglês, o Senhor May, que o acompanha na Suíça e na Holanda durante um ano e meio.

1781 – retorna a Lausanne, com o pastor e filósofo Syriach Bridel.

Fevereiro de 1782 a maio de 1783 – estudante da Universidade de Erlangen.

Julho de 1783 a maio de 1785 – permanece quase dois anos em Edimburgo, onde com grande zelo cursa a universidade e tem atuação brilhante nos trabalhos da *Speculative Society*.

1785 – permanece em Bruxelas e encontra o seu primeiro amor, Senhorita Johannot, o que perdurou por poucos meses.

1788 – ida para Brunswick, onde recebeu a dignidade de Cavalheiro Ordinário do Duque. Em agosto do mesmo ano, é instaurado processo militar contra seu pai.

1789 – casamento com Wilhelmina von Cramm. O casal permanece em Lausanne de julho a agosto.

Setembro de 1789 a maio de 1790 – permanência em Haia para acompanhar o processo contra seu pai.

Julho de 1792 – desentendimento conjugal.

Janeiro de 1793 – relacionamento amoroso com Charlotte de Marenholz, de Hardenberg.

Setembro de 1794 – relacionamento amoroso com a Senhorita de Staël.

Novembro de 1795 – divórcio com Wilhelmina von Cramm.

Junho de 1797 – nascimento, em Paris, de Albertine de Staël. Participação marcante no *Cercle Constitutionnel*, no Hotel de Salm.

1799 – nomeação para o *Tribunat*.

1802 – exclusão do *Tribunat*.

Janeiro a março de 1803 – publicação do seu primeiro jornal: *Amélie et Germaine*.

1803 – recebe, no dia 15 de outubro, ordem de exílio, obrigando-o a permanecer a 40 quilômetros de Paris. Deixa a cidade no dia 19 de outubro, juntamente com a Senhorita de Staël.

1807 – composição da tragédia *Wallstein*.

1808 – no dia 5 de junho, ocorre o casamento secreto com Charlotte de Hardenberg. Em 19 de julho, firma contrato com a Livraria Paschoud, de Genebra, para a publicação de *Wallstein*. A obra é impressa entre setembro e dezembro.

Maio de 1809 – anúncio, para a Senhorita de Staël, do casamento secreto com Charlotte de Hardenberg. Em 9 de junho, Charlotte tenta envenenar-se. No dia 24 de junho abandona sua mulher e retoma o relacionamento com a Senhorita de Staël. Em dezembro, restabelece o casamento.

Dezembro de 1812 – nomeação como membro correspondente da Sociedade Real de Ciências de Goettingue.

1815 – em 6 de fevereiro apresenta sua candidatura ao Instituto. Em 20 de abril é nomeado para o Conselho de Estado.

14 de julho de 1817 – morte da Senhorita de Staël, em Paris.

1818 – no verão, fratura uma das pernas. Jamais voltou a andar sem muletas. Fracassa, em razão das intrigas governamentais, nas eleições realizadas na circunscrição de Seine.

1819 – eleição como Deputado do Sarthe. Pronuncia, no Ateneu Real de Paris, o célebre discurso intitulado *De la liberté des anciens comparée a celle des modernes*.

1822 – fracasso na renovação parcial da Câmara.

1824 – eleição como deputado de Paris.

1827 – é eleito em duas circunscrições, Seine e Bas-Rhin. Opta por Estrasburgo.

1828 – novo fracasso para a Academia.

1830 – no fim de junho, a direita é vitoriosa nas novas eleições. É reeleito. Doente, tratou-se no campo. Em 27 de agosto, é nomeado presidente de uma seção do Conselho de Estado. Em 18 de novembro, ocorre o último fracasso para a Academia. Em 19 de novembro, pronuncia o seu último discurso na tribuna, em favor dos impressores e das livrarias. Em 26 de novembro ocorre sua última aparição na Câmara. Em 8 de dezembro, morre Benjamin Constant.

Obras publicadas

1787

Essai sur les mœurs des temps héroïques de la Grèce: tiré de l'histoire grecque de M. Gillies. Londres, Paris: 1787.

1796

De la force du gouvernement actuel et de la nécessité de s'y rallier. Ano IV. Reimpressões: Besançon (1796), Strasbourg (1797), Paris (1797).

1797

Des réactions politiques. Paris, ano V. Reimpressões: Paris (1797).

Des effets de la terreur. Paris, ano V. *Discours prononcé au cercle constitutionnel pour la plantation de la l'arbre de la liberté, le 30 fructidor an V.* Imprimerie Lemaire.

1798

Discours prononcé au cercle constitutionnel le 9 ventôse. Paris, Impr. Vve. Galletti. *Benjamin Constant à ses collègues de l'assemblée électorale de Seine-et-Oise.*

Des suítes de la contre-révolution de 1660 en Angleterre. Paris, ano VI. Reimpressão: Paris, F. Barisson, ano VII.

1809

Wallstein: tragédie en cinq actes et en vers, précédée de quelques réflexions sur le théâtre allemand. Genève; Paris: Paschoud, 1809.

1814

De l'esprit de conquête et de l'usurpation dans leurs rapports avec la civilisation européenne. Hanovre, Hahn: 1814. 2. ed. Londres, mar. 1814; 3. ed. Paris, 22 abr. 1814; 4. ed. Paris, jul. 1814.

De la liberté des brochures, des pamphlets et des journaux considérée sous le rapport de l'intérêt du gouvernement. Paris: Nicolle, 1814.

Observations sur le discours de S. E. le Ministre de l'intérieur en faveur du projet de loi sur la liberté de la presse. Paris: Nicolle, 1814. Reimpressão: Paris, 1814.

1815

Principes de politique applicable à tous les gouvernements représentatifs et particulièrement à la constitution actuelle de la France. Paris, Eymery, 1815.

De la responsabilité des ministres. Paris: Nicolle, 1815.

1816

Adolphe: anecdote trouvée dans les papiers d'un inconnu et publiée par M. Benjamin de Constant. Londres: Colburn; Paris: Treuttel et Würtz, 1816.

2. ed. Londres: Colburn; Paris: Treuttel et Würtz, 1816.

3. ed. Paris: Brissot-Thivars, 1824.

4. ed. Paris: Dauthereau, 1828.

De la doctrine politique qui peut réunir les partis en France. Paris: Delaunay, 1816. Reimpressão: Paris, 1817.

1817

Considérations sur le projet de loi relatif aux élections, adopté par la chambre des députés. Paris: Delaunay, 1817.

Questions sur la législation actuelle de la presse en France et sur la doctrine du ministère public relativement à la saisie des écrits et à la responsabilité des auteurs et imprimeurs. Paris: Chez les marchands de nouveautés, 1817. Reimpressão: Paris: Delaunay, 1817.

Des élections prochaines. Paris: Plancher et Delaunay, 1817.

1818

Annales de la session de 1817 à 1818. Paris: Béchet, 1818.

Entretien d'un électeur avec lui-même. Paris: Plancher, 1818. Anônimo. Reimpressão: Paris, 1818. Com o nome do autor.

Lettre à M. Odillon Barrot, avocat à la Cour Royale, sur le procès de Wilfrid Regnault. Paris, 1818.

IIe Lettre à M. Odillon Barrot. Paris, 1818.

Du discours de M. de Marchangy, avocat du Roi, devant le tribunal correctionnel, dans la cause de M. Fiévée. Paris, 1818.

De l'appel en calomnie de M. le marquis de Blosseville contre M. Wilfrid Regnault. Paris, 1818.

Lettres à M. Charles Durand sur Nîmes en 1815. Paris, 1818.

Des élections de 1818. Paris: Béchet, 1818.

1818-1820

Collection complète des ouvrages publiés sur le gouvernement représentatif et la constitution actuelle de la France, formant une espèce de cours de politique constitutionnelle, par M. Benjamin de Constant. Paris: Plancher, 1818-1819. 4 v. Nova edição resumida por J. P. Pagès de L'Ariège: Paris: Didier, 1836.

3. ed. por Edouard Laboulaye: Paris: Guillaumin, 1861. 2 v.

4. ed. pelo mesmo em 1872.

1819

De la liberté des anciens comparée à celle des modernes. Paris, 1819.

Eloge de Sir Samuel Romilly, prononcé à l'Athénée Royal le 2 décembre. Paris: Béchet, 1819.

1819-1820

Trois lettre à MM. les habitants de la Sarthe. Paris, 1819-1820.

De la proposition de changer la loi des élections. Paris: Poulet, 1819.

1820

Lettre à M. le marquis de Latour-Maubourg, ministre de la guerre, sur ce qui s'est passé à Saumur les 7 et 8 octobre 1820. Paris: Béchet, 1820. Duas reimpressões, no mesmo ano, pelo mesmo editor.

Mémoires sur les cent-jours, na forma de cartas.

1ª parte. Paris: Béchet, 1820.

2ª parte. Paris: Béchet, 1822.

2. ed.: Paris: Pichon et Didier, 1829.

Des motifs qui ont dicté le nouveau projet de loi sur les élections. Paris: Béchet, 1820.

De la dissolution de la chambre des députés et des résultats que cette dissolution peut avoir pour la nation, le gouvernement et les ministres. Paris: Béchet, 1820.

1822

Lettre à M. le procureur général de la Cour Royale de Poitiers. Paris, chez les marchands de nouveautés, 1822. Duas reimpressões em 1822.

1822-1824

Commentaire sur l'ouvrage de Filangieri.

1ª parte. Paris: Dufart, 1822.

2ª parte. Paris: Dufart, 1824.

1824

De la religion considérée dans la source, ses formes et ses développements. T. I: Paris: Leroux, 1824. T. II: Paris: Béchet, 1825. T. III: Paris: Béchet, 1827. T. IV et V: Paris: Pichon et Didier, 1831.

1825

Appel aux nation chrétiennes en faveur de grecs. Paris: Treuttel et Würtz, 1825.

Christianisme. Paris: Imprimerie Moreau, 1825. (Extrato da Encyclopédie Moderne).

1826

Religion. Paris, 1826. (Extrato da Encyclopédie Progressive).

1827-1828

Discours à la chambre des députés. T. I e II. Paris: Dupont, 1827-1828.

1829

Réflexions sur la tragédie. *Revue de Paris*, 1829, t. VII.

Mélanges de littérature et de politique. Paris: Pichon et Didier, 1829.

Contrefaçons belges en 1829 et en 1839.

1830

Souvenirs historiques à l'occasion de l'ouvrage de M. Bignon. *Revue de Paris*, 1830, t. XI et XVI.

Obras póstumas e coletâneas de correspondência

1833

Du polythéisme romain considéré dans ses rapports avec la philosophie grecque et la religion chrétienne: ouvrage posthume de Benjamin Constant, précédé d'une introduction de M. J. Matter. Paris: Béchet aîné, 1833. 2 v.

1864

Lettres de Benjamin Constant à Mme. Récamier, avec introduction et épilogue par Mme. Louise Colet. Paris: Dentu, 1864.

1881

Lettres de Benjamin Constant à Mme. Récamier, publiées par Mme. Lenormant. Paris: Calmann-Lévy, 1881.

1888

Lettres de Benjamin Constant à sa famille, précédées d'une introduction par Jean-H. Menos. Paris: Savine, 1888.

1892

Le siège de Soissons. Publié par V. Waille. Poligny: G. Cottez, 1892.

1895

Journal intime de Benjamin Constant et lettre à sa famille et à ses amis, précédés d'une introduction par D. Melegari. Paris: P. Ollendorf, 1895.

1907

Le cahier rouge de Benjamin Constant. Publié par C. Constant de Rebecque. Paris: Calmann-Lévy, 1907.

1932

Les chevaliers: roman héroïque. Bruxelles, 1779. Publicado pela primeira vez por M. G. Rudler. Paris: S. Kra, 1932.

1933

Correspondance de Benjamin Constant et d'Anna Lindsay. Publiée par la baronne Constant de Rebecque. Paris: Plon, 1933.

1949

Lettres à un ami (lettres de Benjamin Constant et de Mme. de Staël à Claude Hochet). Publiées par Jean Mistler. Neuchâtel: A la Baconnière, 1949.

1951

Cécile. Publié avec une introduction et des notes par Alfred Roulin. Paris: Gallimard, 1951.

1952

Journaux intimes. Editions intégrales des manuscrits autographes publiés pour la première fois avec une introduction, des notes, et un index par Alfred Roulin et Charles Roth. Paris: Gallimard, 1952.

Lettres de Benjamin Constant à Bernadotte. Publiées par B. Hasselrot. Genève: Droz, 1952.

Correspondance de Benjamin et de Rosalie de Constant. Publiée avec une introduction et des notes par Alfred et Suzanne Roulin. Paris: Gallimard, 1955.

A LIBERDADE DOS ANTIGOS COMPARADA À DOS MODERNOS

BENJAMIN CONSTANT

DISCURSO PRONUNCIADO NO ATENEU REAL DE PARIS EM 1819

Senhores,

Proponho-me a submeter-vos algumas distinções, ainda muito novas, entre dois gêneros de liberdade, cujas diferenças, até hoje, têm permanecido despercebidas ou, ao menos, muito pouco reparadas. Uma é a liberdade cujo exercício seria caro aos povos antigos; a outra, aquela cujo gozo é particularmente precioso às nações modernas. Essa análise, se não me engano, será interessante sob uma dupla perspectiva.

Primeiramente, a confusão dessas duas espécies de liberdade foi, entre nós, durante as épocas mais célebres de nossa revolução, a causa de muitos males. A França se viu fatigada por tentativas inúteis, cujos autores, irritados pelo pouco sucesso obtido, tentaram obrigá-la a usufruir o bem que ela não queria e contestaram o bem que ela queria.

Em segundo lugar, chamados por nossa feliz revolução (denomino feliz, malgrados seus excessos, pois fixo meus olhares sobre os resultados) para desfrutar dos benefícios de um governo representativo, é curioso e útil pesquisar por que esse governo, o único ao abrigo do qual podemos atualmente encontrar alguma liberdade e tranquilidade, foi quase que inteiramente desconhecido pelas nações livres da antiguidade.

Digo que se pretendeu individualizar esses traços em alguns povos antigos, como na República da Lacedemônia,[*] por exemplo, e nos nossos antepassados, os gauleses, mas sem razão.

O governo da Lacedemônia era uma aristocracia monástica,[**] não um governo representativo. O poder dos reis era limitado, mas pelos Éforos,[***] não pelos homens investidos de uma missão semelhante àquela que, na atualidade, a eleição confere aos defensores das nossas liberdades. Os Éforos, sem dúvida, após terem sido instituídos pelos reis, eram nomeados pelo povo. Mas eram apenas cinco. Sua autoridade era tão religiosa quanto política. Tinham parte na própria administração do governo, isto é, no poder executivo, e, ali, sua prerrogativa, como a de quase todos os magistrados populares nas antigas repúblicas, longe de ser simplesmente uma barreira contra a tirania, tornava-se, por vezes, ela própria, uma tirania insuportável.

O regime dos gauleses, que se assemelha àquele que certo partido desejaria nos deixar, era, por sua vez, teocrático e guerreiro. Os padres usufruíam de um poder sem limites. A classe militar, ou a nobreza, possuía privilégios

---

[*]   N.T.: Esparta (Grécia).

[**]   N.T.: governo de um grupo elitista em bases estritamente religiosas.

[***]   N.T.: magistrados eleitos que representavam a aristocracia e limitavam a autoridade do rei.

A liberdade dos antigos comparada à dos modernos **77**

bem insolentes e opressivos. O povo estava sem direitos e sem garantias.

Em Roma, os tribunais tinham, até certo ponto, uma missão representativa. Eram mais órgãos das plebes que da oligarquia, que em todos os séculos é a mesma e as tinha submetido, com a queda dos reis, a uma dura escravidão. O povo, todavia, exercia diretamente uma grande parte dos poderes políticos: reunia-se para votar as leis e para julgar os patrícios que sofressem uma acusação. Não havia, no entanto, senão fracos vestígios do sistema representativo em Roma.

Esse sistema é uma descoberta dos modernos, e vereis, Senhores, que o estado da espécie humana na antiguidade não permitia a uma instituição dessa natureza ali introduzir-se ou estabelecer-se. Os povos antigos não podiam nem sentir a necessidade nem apreciar as vantagens. Sua organização social os conduzia a desejar uma liberdade bem diferente daquela que esse sistema nos assegura.

É à demonstração dessa verdade que a leitura dessa noite será consagrada.

Perguntai-vos, Senhores, o que em nossos dias um inglês, um francês ou um habitante dos Estados Unidos da América entende pela palavra liberdade?

É para cada um o direito de não ser submetido senão às leis, de não poder ser preso, detido, condenado à morte nem maltratado de maneira alguma pela só vontade arbitrária de um ou de vários indivíduos. É para cada um o direito de manifestar sua opinião, de escolher sua profissão e de exercê-la; de dispor de sua propriedade ou mesmo de abusar dela; de ir e vir sem precisar de permissão e sem prestar contas dos seus motivos ou dos seus passos. É para cada um, o direito de reunir-se com outros indivíduos, seja para debater sobre seus interesses, seja para professar o culto preferido por ele e por seus companheiros; seja, simplesmente, para preencher seus dias e suas horas da maneira mais conforme às suas inclinações, às suas fantasias. Enfim, é o direito de cada um influir sobre a administração do governo, seja pela nomeação de todos ou de certos funcionários, seja pelas representações, petições e requerimentos que a autoridade é mais ou menos obrigada a levar em consideração. Comparai agora àquela liberdade dita dos antigos.

Esta última consistia em exercer coletivamente, mas de forma direta, muitas partes da própria soberania, em deliberar, em praça pública, sobre a guerra e a paz, em celebrar com os estrangeiros tratados de aliança, a votar as leis, em realizar os julgamentos, em examinar as contas, os atos, a gestão dos magistrados, em fazê-los comparecer perante todo o povo, em acusá-los, em condená-los ou em absolvê-los. Mas ao mesmo tempo em que isso era denominado pelos antigos de liberdade, eles admitiam, como compatível com essa liberdade coletiva, a sujeição completa do indivíduo à autoridade do conjunto. Não encontrareis entre eles quase nenhum dos benefícios que queremos que faça parte da liberdade dos modernos. Todas as ações privadas são submetidas a uma vigilância severa. Nada é atribuído à independência individual, quer sob o ponto de vista da liberdade, quer em relação à profissão; nem, acima de tudo, em relação à religião. A faculdade de escolher o próprio culto, faculdade que vemos como um dos nossos direitos mais preciosos, teria parecido crime ou sacrilégio para um antigo. Nas coisas que nos parecem mais fúteis, a autoridade do corpo social se interpõe e atrapalha a vontade dos indivíduos. Não se podia, entre os espartanos, adicionar uma corda à sua lira sem que os Éforos não se ofendessem. A autoridade intervém mesmo nas relações mais domésticas. O jovem lacedemônio não pode visitar livremente sua jovem esposa. Em Roma, os censores têm um olho fiscalizador no interior das famílias. As leis regulam os costumes, e como existem costumes para tudo, não há nada que as leis não regulem.

Assim, dentre os antigos, o indivíduo, quase sempre soberano nos negócios públicos, é escravo em todas as suas relações privadas. Como cidadão, ele decide sobre a paz e a guerra; como particular, é circunscrito, observado, reprimido em todos os seus movimentos; como porção do corpo coletivo, ele interroga, destitui, condena, despoja, exila, marca de morte seus magistrados ou seus superiores; como submisso ao corpo coletivo, ele pode, a seu turno, ser privado do seu estado, despojado de suas dignidades, banido, condenado à morte, pela só vontade discricionária do conjunto de que faz parte. Entre os modernos, ao contrário, o indivíduo, independente na vida privada, não é, mesmo nos Estados mais livres, soberano senão na aparência. Sua soberania é restrita, quase sempre suspensa; e, se em épocas determinadas, mas raras, durante as quais ainda é cercado de precauções e de entraves, ele exerce essa soberania, não é senão para abdicá-la.

Devo, aqui, Senhores, deter-me um instante para prevenir uma objeção que poderiam fazer-me. Há, na antiguidade, uma república onde a submissão da existência individual ao corpo coletivo não é tão completa como acabei de descrever. Essa república é a mais célebre de todas; e podeis deduzir que estou falando de Atenas. Retornarei a isto mais tarde e, admitindo a verdade do fato, lhes explicarei a causa. Veremos por que, de todos os Estados antigos, Atenas é aquele que mais se assemelha aos modernos. Em todo lugar, aliás, a jurisdição social era ilimitada. Os antigos, como diz Condorcet, não tinham nenhuma noção de direitos individuais. Os homens não eram, por assim dizer, senão as máquinas que a lei regulava as molas e dirigia as rodagens. A mesma sujeição caracterizava os bons séculos da república romana; o indivíduo estava, de certa maneira, perdido na nação; o cidadão na cidade.

Agora iremos retornar à fonte dessa diferença essencial entre os antigos e nós.

Todas as repúblicas antigas estavam contidas em limites estreitos. A mais populosa, a mais poderosa, a mais considerável entre elas não era igual em extensão ao menor dos Estados modernos. Como consequência inevitável de sua reduzida extensão, o espírito dessas repúblicas era belicoso; cada povo melindrava continuamente seus vizinhos ou era por eles melindrado. Empurrados, assim, pela necessidade, combatiam uns contra os outros ou se ameaçavam sem cessar. Aqueles que não queriam ser conquistadores não poderiam depor as armas sob pena de serem conquistados. Todos compravam sua segurança, sua independência, sua existência inteira, pelo preço da guerra, que refletia o interesse constante, a ocupação quase habitual dos Estados livres da antiguidade. Por fim e como resultado necessário dessa maneira de ser, todos os Estados tinham escravos. As profissões mecânicas e, em certas nações, as profissões industriais, estavam confiadas a mãos carregadas de ferro.

O mundo moderno nos oferece um espetáculo completamente oposto. Os menores Estados dos nossos dias são incomparavelmente mais vastos que Esparta ou Roma durante cinco séculos. A própria divisão da Europa em vários Estados é, graças ao progresso das luzes, antes aparente que real. Enquanto cada povo outrora formava uma família isolada, que nascia inimiga de outras famílias, existe atualmente uma massa de homens sob diferentes nomes e sob diversos modos de organização social, mas homogênea em sua natureza. Ela é forte o suficiente para não ter nada a temer das hordas bárbaras. Ela é esclarecida o suficiente para que seja encarregada da guerra. Sua tendência uniforme está na direção da paz.

Essa diferença conduz a outra. A guerra é anterior ao comércio, pois a guerra e o comércio não são senão dois meios diferentes de atingir o mesmo objetivo: o de possuir o que se deseja. O comércio é uma homenagem à força do possuidor pelo aspirante à posse. É uma tentativa de obter, por mútuo acordo, o que não se espera mais conquistar pela violência. Um homem que sempre foi o mais forte jamais teria a ideia do comércio. É a experiência que lhe demonstra que a guerra, isto é, o emprego da força contra a força de outrem, expõe-lhe a diversas resistências e a diversos fracassos, levando-o a recorrer ao comércio, vale dizer, a um meio mais ameno e mais seguro de atrair o interesse de outrem a consentir no que convém ao nosso interesse. A guerra é o impulso, o comércio é o cálculo. Mas deve vir o momento em que o comércio substitui a guerra. Nós chegamos a essa época.

Não quero dizer que não havia povos comerciantes entre os antigos. Mas esses povos eram de certa maneira exceção à regra geral. Os limites dessa apresentação não me permitem indicar-vos todos os obstáculos que se opõem ao progresso do comércio; aliás, vós os conheceis tão bem quanto eu, razão pela qual somente me reportarei a um deles. O desconhecimento da bússola forçava os marinheiros da antiguidade a não perder de vista a costa senão o mínimo possível. Atravessar as colunas de Hércules, ou seja, passar pelo Estreito de Gibraltar, era considerada ação das mais ousadas. Os fenícios e os cartagineses, os mais hábeis navegadores, não ousaram fazê-lo muito tarde, e o seu exemplo permaneceu sem ser imitado por longo tempo. Em Atenas, da qual falaremos em breve, o interesse marítimo foi de aproximadamente sessenta por cento, enquanto o interesse ordinário não foi senão de doze, já que a ideia de uma navegação distante implica a do perigo.

No mais, se pudesse lançar-me em uma digressão, que, infelizmente, seria muito longa, mostrar-vos-ia, meus Senhores, pelo detalhe dos costumes, dos hábitos, do modo de traficar dos povos comerciantes da antiguidade com os outros povos, que o seu comércio era, por assim dizer, impregnado do espírito da época, da atmosfera de guerra e de hostilidade que o circundava. O comércio foi então um acidente feliz: é hoje o estado ordinário, o objetivo único, a tendência universal, a vida real das nações. Elas querem o repouso; com o repouso, a facilidade; e como fonte da facilidade, a indústria. A guerra é a cada dia um meio mais ineficaz de alcançar os seus objetivos. Suas potencialidades já não oferecem mais, nem ao indivíduo, nem às nações, benefícios que igualem os resultados do trabalho sossegado e das trocas regulares. Entre os antigos, uma guerra feliz acrescentava em escravos, em tributos, em terras partilhadas, à riqueza pública e à particular. Entre os modernos, uma guerra feliz custa infalivelmente mais do que vale a pena.

Enfim, graças ao comércio, à religião, ao progresso intelectual e moral da espécie humana, não há mais escravos nas nações europeias. Os homens livres devem exercer todas as profissões, prover a todas as necessidades da sociedade.

É fácil sentir, Senhores, o resultado necessário dessas diferenças.

Primeiramente, a extensão de um país diminui muito a importância política que é atribuída à participação de cada indivíduo. O republicano mais obscuro de Roma e de Esparta foi uma potência. Não é o mesmo que um simples cidadão da Grã-Bretanha ou dos Estados Unidos, pois sua influência pessoal é um elemento imperceptível da vontade social que imprime ao governo a sua direção.

Em segundo lugar, a abolição da escravidão tirou da população livre todo tempo ocioso que resultava do fato de os escravos estarem encarregados da maior parte dos trabalhos. Sem a população escrava de Atenas, vinte mil atenienses não poderiam mais deliberar, a cada dia, em praça pública.

Em terceiro lugar, o comércio não deixa na vida do homem, como a guerra, intervalos de inatividade. O exercício perpétuo dos direitos políticos, as discussões diárias dos assuntos do Estado, os debates, as confabulações, todo o cortejo e movimento de facções, agitações necessárias, recheio indispensável, se é que posso empregar essa expressão, na vida dos povos livres da antiguidade, que teriam esmorecido, sem esse recurso, sob o peso de uma inação dolorosa, não ofereceriam senão perturbação e cansaço às nações modernas, onde cada indivíduo, ocupado de suas especulações, de seus negócios, dos prazeres que obtêm ou espera, não quer ser desviado senão momentaneamente e o mínimo possível.

Enfim, o comércio inspira nos homens um vivo amor pela independência individual. O comércio faz face às suas necessidades, satisfaz os seus desejos, sem a intervenção da autoridade. Essa intervenção é quase sempre, e não sei porque digo quase; essa intervenção é sempre uma inconveniência e um desconforto. Todas as vezes que o poder coletivo quer intrometer-se em especulações particulares, ele afronta os especuladores. Todas as vezes que os governantes pretendem realizar nossos afazeres, eles atuam de maneira pior e mais dispendiosa.

Eu lhes disse, Senhores, que falar-vos-ia de Atenas, que poderia opor-se, como exemplo, a algumas de minhas afirmações, mas cujo exemplo, ao contrário, confirmará todas.

Atenas, como já reconheci, foi, de todas as repúblicas gregas, a mais comerciante. Também concedia a seus cidadãos infinitamente mais liberdade individual que Roma e Esparta. Se pudesse entrar em detalhes históricos, far-vos-ia ver que o comércio tinha feito desaparecer, entre os atenienses, muitas das diferenças que distinguem os povos antigos dos povos modernos. O espírito dos comerciantes de Atenas era parecido com o dos comerciantes dos nossos dias. Xenofonte nos ensina que, durante a Guerra do Peloponeso, retiraram o seu capital do Continente da Ática e o enviaram às ilhas do arquipélago. O comércio tinha criado entre eles a circulação. Reparamos em Isócrates sinais do uso das letras de câmbio. Além disso, observamos o quanto os seus costumes se parecem com os nossos. Em suas relações com as mulheres, vereis (cito ainda Xenofonte) os maridos, satisfeitos quando a paz e uma amizade descente reinam entre o casal, considerar a esposa muito frágil pela tirania da natureza, fechar os olhos ao irresistível poder das paixões, perdoar a primeira falha e esquecer a segunda. Em suas relações com os estrangeiros, vê-los-emos distribuir em excesso os direitos da cidade a quem quer que seja que, transportando-se de casa com sua família, estabeleça um ofício ou uma fábrica. Enfim, ficaremos impressionados com seu amor excessivo pela independência individual. Na Lacedemônia, diz um filósofo, os cidadãos acorrem quando um magistrado os chama; mas um ateniense não se conformaria que o considerassem submisso a um magistrado.

No entanto, como inúmeras outras circunstâncias que decidem o feitio das nações antigas existiam também em Atenas; como havia uma população escrava, e que o território era muito estreito, encontraremos lá os vestígios próprios da liberdade dos antigos. O povo faz as leis, examina a conduta dos magistrados, como Péricles apresenta contas, condena à morte todos os generais que tinham comandado na Batalha de Arginusas. Ao mesmo tempo, o ostracismo, arbítrio legal e santo para todos os legisladores da época, o ostracismo, que nos parece e deve efetivamente parecer uma revoltante iniquidade, prova que o indivíduo foi ainda mais subjugado à supremacia do corpo social em Atenas, que o é em nossos dias em algum Estado livre da Europa.

Resulta, do que expus, que não podemos mais gozar da liberdade dos antigos, que se compunha da participação ativa e constante no poder coletivo. Nossa liberdade deve compor-se do gozo pacífico da independência privada. A participação que, na antiguidade, cada um tinha na soberania nacional, não era, como em nossos dias, uma suposição abstrata. A vontade de cada um tinha uma influência real; o exercício dessa vontade foi um prazer vivo e repetido. Em consequência, os antigos estavam dispostos a fazer muitos sacrifícios para a conservação dos seus direitos políticos e de sua parte na administração do Estado. Cada qual sentia com orgulho tudo o que valia seu voto e experimentava, nessa consciência da sua importância pessoal, uma ampla compensação.

Essa compensação não existe para nós hoje em dia. Perdido na multidão, o indivíduo não percebe quase nunca a influência que exerce. Sua vontade jamais fica marcada no conjunto; nada mostra aos seus próprios olhos sua cooperação. O exercício dos direitos políticos não nos oferece senão parte dos prazeres que os antigos neles encontravam, e, ao mesmo tempo, os progressos da civilização, a tendência comercial da época e a comunicação entre os povos multiplicaram e variaram ao infinito os meios de felicidade particular.

Segue-se que devemos estar bem mais agarrados à nossa independência individual que os antigos. Pois os antigos, quando sacrificavam a independência dos direitos políticos, sacrificavam menos para obter mais; enquanto fazendo o mesmo sacrifício, daríamos mais para obter menos.

O objetivo dos antigos era a partilha do poder social entre todos os cidadãos de uma mesma pátria. Era isso o que eles chamavam de liberdade. O objetivo dos modernos é a segurança nos prazeres privados; e eles chamam de liberdade as garantias concedidas pelas instituições a esses prazeres.

Disse no começo que, não tendo percebido essas diferenças, homens bem-intencionados tinham causado infinitos males durante nossa longa e agitada revolução. Não agrada a Deus que eu lhes direcione reprovações tão severas: o seu próprio erro foi desculpável. Não se saberia ler as belas páginas da antiguidade, não se reconstituiria mais as ações desses grandes homens, sem sentir a emoção de um gênero particular, que não provou nada do que é moderno. É difícil não lamentar esses tempos em que as faculdades do homem se desenvolviam em uma direção traçada com antecedência, mas em um vasto terreno, tão fortes em sua própria força e com um sentimento tal de energia e dignidade; e, quando nos livramos desses arrependimentos, é impossível não querer imitar isso que lamentamos.

Essa impressão foi profunda, sobretudo quando vivíamos sob governos abusivos, que, sem ser fortes, eram vexatórios, absurdos nos princípios, miseráveis na ação; governos que tinham por móvel o arbítrio, por objetivo a diminuição da espécie humana, e que certos homens ousam vangloriar ainda hoje, como se pudéssemos jamais esquecer que temos sido testemunhas e vítimas de sua obstinação, de sua impotência e de sua queda. O objetivo dos nossos reformadores foi nobre e generoso. Quem dentre nós não sentiu o seu coração bater de esperança na entrada para a estrada que pareciam abrir? E ainda há no presente quem não sinta a necessidade de declarar que reconhece alguns erros cometidos pelos nossos primeiros guias, o que não significa murchar a sua memória nem repudiar as opiniões que os amigos da humanidade professaram de geração em geração.

Mas esses homens tinham posto muitas de suas teorias nas obras de dois filósofos, que não tinham dúvidas, eles próprios, das modificações trazidas em dois mil anos às tendências do gênero humano. Examinarei, talvez uma única vez, o sistema do mais ilustre desses filósofos, o de J. J. Rousseau, e mostrarei que, transportando aos nossos tempos modernos uma extensão do poder social, da soberania coletiva que pertencia a outros séculos, esse gênio sublime, que ostentava o maior amor pela liberdade, forneceu, todavia, funestos pretextos a mais de um gênero de tirania. Sem dúvida, relevando o que considero como um importante desprezo a desvendar, serei circunspecto em minha refutação e respeitoso em minha censura. Evitarei, decerto, juntar-me aos detratores de um grande homem. Quando o acaso faz que eu pareça encontrar-me com eles em um só ponto, fico desconfiado de mim mesmo; e para consolar-me de parecer um instante com sua opinião, sobre uma questão única e parcial, preciso repudiar e estigmatizar-me tanto como esses pretensos auxiliares.

No entanto, o interesse da verdade deve levar às considerações que tornam tão intenso o brilho de um talento prodigioso e a autoridade de uma imensa fama. Não é então a Rousseau, como veremos, que se deve atribuir, principalmente, o erro que vou combater: ele pertence bem mais a um dos seus sucessores, menos eloquente, mas não menos austero, e mil vezes mais exagerado. Esse último, o Abade de Mably, pode ser visto como o representante do sistema que, conforme as máximas da liberdade antiga, quer que os cidadãos sejam completamente submissos para que a Nação seja soberana e que o indivíduo seja escravo para que o povo seja livre.

O Abade de Mably, como Rousseau e muitos outros, tinha considerado, após os antigos, a autoridade do corpo social para a liberdade, e todos os meios lhe pareciam bons para estender a ação dessa autoridade sobre a parte recalcitrante da existência humana, da qual deplorava a independência. O lamento que expressa em toda parte em suas obras é o de que a lei não pode alcançar senão as ações. Ele teria desejado que ela alcançasse os pensamentos, as impressões mais passageiras, que ela perseguisse o homem sem descanso e sem deixar-lhe um asilo onde pudesse escapar ao seu poder. Não percebia, não importa em que povo, uma medida vexatória, que ele pensava ter feito uma descoberta e a propunha como modelo; detestava a liberdade individual, como se detesta um inimigo pessoal, e logo que encontrou na história uma Nação que foi dela completamente privada, que não tinha nenhuma liberdade política, ele não pôde deixar de admirar-se. Extasiou-se com os egípcios, porque, dizia ele, todos entre eles estavam regidos pela lei, até nos descansos, até nas necessidades; tudo dobrado sob o império do legislador; todos os momentos da jornada foram preenchidos por algum dever. O próprio amor estava sujeito a essa respeitada intervenção, e era a lei que, volta a volta, abria e fechava o leito nupcial.

Esparta, que reunia as formas republicanas à escravização dos indivíduos, excitava no espírito desse filósofo um entusiasmo ainda mais vivo. Esse enorme contraste lhe parecia o ideal de uma república perfeita. Ele tinha por Atenas um profundo desprezo, e teria dito voluntariamente dessa Nação, a primeira da Grécia, o que um grande senhor acadêmico dizia da Academia francesa: "que pavoroso despotismo"! Todo mundo faz o que quer. Devo acrescer que esse grande senhor falava da Academia tal qual ela era há trinta anos.

Montesquieu, dotado de espírito mais observador, pois tinha uma cabeça menos ardente, não caiu integralmente nos mesmos erros. Impressionou-se com as diferenças que relatei, mas não desvendou a verdadeira causa. "Os políticos gregos", dizia ele, "que viviam sob o governo popular, não reconheciam outra força senão a virtude. Os de hoje somente falam de manufaturas, de comércio, de finanças, de riquezas e do luxo mesmo". Atribuí essa diferença à república e à monarquia, mas é preciso atribuí-la ao espírito oposto dos tempos antigos e dos tempos modernos. Cidadãos das repúblicas, súditos das monarquias, todos querem os prazeres, e nenhum pode, no atual estágio das sociedades, não querê-los. O povo de nossos dias mais ligado à sua liberdade, antes da libertação da França, era também o povo mais ligado a todos os prazeres da vida; e tinha sua liberdade acima de tudo, pois via nela a garantia dos prazeres que nutria. No passado, lá onde havia liberdade, podia-se suportar as privações; agora, em todo lugar em que há privação, é necessária a escravidão para resignar-se com ela. Seria mais fácil, hoje em dia, fazer de um povo de escravos um povo de espartanos, que formar espartanos para a liberdade.

Os homens que se viram levados pelo fluxo dos acontecimentos à frente da nossa revolução foram convencidos, como consequência necessária da educação que tinham recebido, de opiniões antigas e que se mostraram falsas, tendo-as adotado em honra dos filósofos de que falei. A metafísica de Rousseau aparece de repente no meio delas, como os clarões, as verdades sublimes e as passagens de uma eloquência cativante. A austeridade de Mably, sua intolerância, seu ódio contra todas as paixões humanas, sua avidez em subjugar a todas, seus princípios exagerados sobre a competência da lei, a diferença do que recomendava e do que tinha existido, suas declamações contra as riquezas e mesmo contra a propriedade, todas essas coisas deviam encantar os homens aquecidos por uma vitória recente e que, conquistadores do poder legal, estavam bem à vontade em estender esse poder sobre todos os objetos. Era para eles uma autoridade preciosa, como a dos dois escritores que, desinteressados na questão e pronunciando um anátema contra o despotismo dos homens, tinham redigido em axiomas o texto da lei. Queriam exercer a força pública como tinham aprendido com seus guias, que a tinham exercido anteriormente nos Estados livres. Acreditavam que tudo devia ainda ceder perante a vontade coletiva, e que todas as restrições aos direitos individuais seriam amplamente compensadas pela participação no poder social.

Sabeis, Senhores, no que isso resultou. As instituições livres, apoiadas sobre o conhecimento do espírito do século, teriam permanecido mais. O edifício renovado dos antigos, malgrado os muitos esforços e atos heroicos que fazem jus à nossa admiração, desmoronou. É que o poder social feriu em todos os sentidos a independência individual sem destruir-lhe a necessidade. A Nação não encontrava senão parte ideal de uma soberania abstrata que custou os sacrifícios que lhe foram ordenados. Repetia-se em vão com Rousseau: as leis da liberdade são milhares de vezes mais austeras que duro é o jugo dos tiranos. Ela não queria essas leis austeras e, no seu cansaço, acreditava, às vezes, que o jugo dos tiranos seria preferível. A experiência veio e a desenganou. Viu que o arbítrio dos homens foi ainda pior que as mais malvadas leis. Mas também as leis devem ter os seus limites.

Se consegui, Senhores, partilhar-vos a opinião, que, em minha convicção, esses fatos devem produzir, reconhecereis comigo a verdade dos seguintes princípios:

A independência individual é a primeira das necessidades modernas. Em consequência, jamais é preciso exigir o seu sacrifício para estabelecer a liberdade política. Daí se segue que nenhuma das instituições, numerosas e tão alardeadas, que, nas antigas repúblicas embaraçavam a liberdade individual, é admissível nos tempos modernos.

Essa verdade, Senhores, parece inicialmente supérfluo estabelecer. Muitos governos dos nossos dias não parecem propensos a imitar as repúblicas da antiguidade. No entanto, por menos gosto que tenham pelas instituições republicanas, há certos usos republicanos pelos quais sentem certo afeto. É lamentável que sejam precisamente aqueles que permitam banir, exilar, despojar. Lembro-me de que, em 1802, insere-se em uma lei sobre os tribunais especiais um artigo que introduzia na França o ostracismo grego; e Deus sabe como os eloquentes oradores, para fazer admitir esse artigo, que, no entanto, foi retirado, falaram-nos da liberdade de Atenas e de todos os sacrifícios que os indivíduos deviam fazer para conservar essa liberdade! Da mesma maneira, em uma época bem mais recente, quando, com mão tímida, autoridades temerosas ensaiavam dirigir as eleições de acordo com sua vontade, um jornal, que não é, portanto, marcado pelo republicanismo, propôs reviver a censura romana para afastar os candidatos perigosos.

Creio, então, que não me envolvi em uma digressão inútil se, para apoiar minha afirmação, digo algumas palavras dessas duas instituições tão propaladas.

O ostracismo de Atenas repousava sobre a hipótese de que a sociedade tem toda autoridade sobre seus membros. Nessa hipótese, podia justificar-se. E em um pequeno Estado, onde a influência de um indivíduo, forte de seu crédito, de sua glória, geralmente balançava o poder da massa, o ostracismo podia ter uma aparência de utilidade. Mas, entre nós, os indivíduos têm os direitos que a sociedade deve respeitar, e a influência individual é, como já o observei, tão perdida em uma multidão de influências, iguais ou superiores, que toda contrariedade, motivada pela necessidade de diminuir essa influência, é inútil e, em consequência, injusta. Ninguém tem o direito de exilar um cidadão, se ele não é condenado por um tribunal regular, após uma lei formal que comine a pena de exílio à ação de que é culpado. Ninguém tem o direito de arrancar o cidadão de sua pátria, o proprietário de suas terras, o negociante do seu comércio, o marido de sua esposa, o pai dos seus filhos, o escritor das suas reflexões de estudo, o velho dos seus hábitos. Todo exílio político é um atentado político. Todo exílio pronunciado por uma assembleia, por pretensos motivos de saúde pública, é um crime dessa assembleia contra a saúde pública, que nunca está em conformidade com as leis, a observância das formas e a manutenção das garantias.

A censura romana supunha, como o ostracismo, um poder discricionário. Em uma república onde todos os cidadãos, mantidos pela pobreza em uma simplicidade extrema de costumes, habitavam a mesma cidade, não exerciam nenhuma profissão que desviasse sua atenção dos assuntos de Estado, e se encontravam, assim, constantemente, como espectadores e juízes do uso do poder público, a censura podia, de uma parte, ter mais influência, e, de outra, o arbítrio dos censores ser contido por uma espécie de supervisão moral exercida contra eles. Mas, com a extensão da República, a complexidade das relações sociais e os requintes da civilização, foram retirados dessa instituição o que lhe servia ao mesmo tempo de base e de limite, e a censura degenerou, mesmo em Roma. Não fora, pois, a censura que criara os bons costumes. Era a simplicidade dos costumes que constituía o poder e a eficácia da censura.

Na França, uma instituição tão arbitrária como a censura seria ao mesmo tempo ineficaz e intolerável. No estado presente da sociedade, os costumes se compõem de nuances finas, versáteis e esquivas, que se alterariam de mil maneiras se tentássemos dar-lhes maior precisão. Só a opinião pode alcançá-los; só ela pode julgá-los, pois são da mesma natureza. Ela se levantaria contra toda autoridade positiva que quisesse dar-lhe maior precisão. Se o governo de um povo quisesse, como os censores de Roma, sancionar um cidadão por meio de uma decisão discricionária, a Nação inteira reclamaria contra essa prisão, não ratificando as decisões da autoridade.

O que disse a respeito da transposição da censura para os tempos modernos bem se aplica a outras partes da organização social, sobre as quais a antiguidade é citada ainda com mais frequência e com muito maior ênfase. É o caso, por exemplo, da educação. Que diríamos sobre a necessidade de permitir ao governo apoderar-se das novas gerações para formá-las à sua vontade, bem como das citações eruditas nas quais se apoia essa teoria? Os persas, os egípcios, a Gália, a Grécia e a Itália vêm, volta a volta, aparecer aos nossos olhares! Senhores, não somos nem dos persas, submissos a um déspota, nem dos egípcios, subjugados pelos sacerdotes, nem dos galeses, podendo ser sacrificados pelos seus druidas,* nem, enfim, dos gregos e dos romanos, em que sua participação na autoridade social consolava a sua servidão. Somos os modernos, que queremos gozar, cada qual, dos nossos direitos; desenvolver nossas faculdades como melhor nos aprouver, sem prejudicar os outros; velar pelo desenvolvimento dessas faculdades nas crianças que a natureza confie ao nosso afeto, tanto mais esclarecida quanto ela é mais viva, e não tendo necessidade da autoridade senão para dela obter os meios gerais de instrução que pode reunir; como os viajantes aceitam dela os grandes caminhos, sem serem dirigidos por ela na rota que querem seguir. A religião também é exposta às lembranças dos outros séculos. Os valentes defensores da unidade da doutrina nos citam as leis dos antigos contra os deuses estrangeiros, e apoiam os direitos da Igreja Católica no exemplo dos atenienses, que fizeram Sócrates perecer por ter abalado o politeísmo,** e naquele de Augusto, que queria que se permanecesse fiel ao culto dos ancestrais, o que fez que, pouco tempo depois, fossem lançados às feras os primeiros cristãos.

Desafiemos, Senhores, essa admiração por certas reminiscências antigas. Já que vivemos em tempos modernos,

---

* N.T.: designação do sacerdote galês.

** N.T.: na Grécia antiga, a filosofia germinou em um período de intenso politeísmo. Como Sócrates negava a existência das divindades de Atenas e ainda repassava os seus ensinamentos à juventude, foi processado por três cidadãos atenienses, em 399 a.C., e condenado à morte, bebendo uma taça de cicuta.

desejo uma liberdade adequada aos tempos modernos; e já que vivemos sob as monarquias, suplico humildemente a essas monarquias que não peguem emprestado das repúblicas antigas os meios de oprimir-nos.

A liberdade individual, repito-o, é a verdadeira liberdade moderna. A liberdade política é a sua garantia; a liberdade política é, em consequência, indispensável. Mas peça aos povos dos nossos dias para sacrificar, como antigamente, a totalidade da liberdade individual em favor da liberdade política: é a maneira mais segura de retirar-lhes uma delas; e quando isso fosse alcançado, não se tardaria em ser-lhes arrebatada.

Vedes, senhores, que minhas observações não tendem, em hipótese alguma, a diminuir a importância da liberdade política. Não retiro dos fatos que ofereci aos seus olhos as consequências que alguns homens retiram. Do fato de os antigos terem sido livres e de nós não podermos mais ser livres como os antigos, concluem que somos destinados a ser escravos. Desejariam constituir o novo Estado Social com um pequeno número de elementos, que dizem serem os únicos adequados à situação do mundo atual. Esses elementos são os preconceitos para assustar os homens, o egoísmo para corrompê-los, a frivolidade para aturdi-los, os prazeres grosseiros para degradá-los, o despotismo para conduzi-los. E são necessários os conhecimentos positivos e as ciências exatas para servir mais habilmente ao despotismo. Seria bizarro que tal fosse o resultado de quarenta séculos durante os quais o espírito humano conquistou mais meios morais e físicos. Não posso pensar nisso.

Retiro das diferenças que nos distinguem da antiguidade consequências em tudo opostas. Não é a garantia que é preciso diminuir, é o gozo que é preciso estender. Não é à liberdade política que quero renunciar; é a liberdade civil que reclamo com outras formas de liberdade política. Os governos não têm mais, como no passado, o direito de arrogar-se um poder ilegítimo. Mas os governos que partem de uma fonte legítima têm, menos que no passado, o direito de exercer sobre os indivíduos uma supremacia arbitrária. Possuímos ainda hoje os direitos que sempre tivemos, os direitos eternos a aprovar as leis, deliberar sobre nossos interesses, ser parte integrante do corpo social do qual somos membros. Mas os governos têm novos deveres. O progresso da civilização e as modificações operadas pelos séculos exigem da autoridade mais respeito pelos hábitos, pelas afeições, pela independência dos indivíduos. Ela deve alcançar esses assuntos com mão mais prudente e mais leve.

Essa reserva da autoridade, que está em seus deveres estritos, está igualmente em seus interesses bem entendidos, pois, se a liberdade que convém aos modernos é diferente daquela que convinha aos antigos, o despotismo que foi possível entre os antigos não é mais possível entre os modernos. De sermos geralmente mais distraídos em relação à liberdade política que eles podiam ser, e, em nosso estado ordinário, menos apaixonados por ela, pode resultar que negligenciamos, por vezes demasiado e sempre errado, as garantias que nos assegura. Mas, ao mesmo tempo, como damos mais atenção à liberdade individual que os antigos, defendemo-la, se é atacada, com muito mais destreza e persistência. E, para defendê-la, temos meios que os antigos não tinham.

O comércio permite a ação, sobre nossa existência, de um arbítrio mais vexatório que antigamente, porque, como nossas especulações são mais variadas, o arbítrio deve multiplicar-se para atingi-las. Mas o comércio também permite a ação de um arbítrio mais fácil de evitar, pois muda a natureza da propriedade, que torna-se, por esta mudança, quase imperceptível.

O comércio dá à propriedade uma qualidade nova: a circulação. Sem circulação, a propriedade não é senão um usufruto. A autoridade pode sempre influir sobre o usufruto, pois pode remover o seu gozo, mas a circulação põe um obstáculo invisível e invencível a essa ação do poder social.

Os efeitos do comércio se estendem ainda mais longe. Não somente liberam os indivíduos como criam o crédito, que torna a autoridade dependente.

O dinheiro, diz um autor francês, é a arma mais perigosa do despotismo; mas é, ao mesmo tempo, o seu freio mais poderoso; o crédito é submetido à opinião; a força é inútil, o dinheiro se esconde ou foge; todas as operações do Estado são suspensas. O crédito não tinha a mesma influência entre os antigos. Os governos eram mais fortes que os particulares, enquanto os particulares são mais fortes que os poderes políticos de nossos dias. A riqueza é um poder mais disponível em todos os instantes, mais aplicável a todos os interesses e, por consequência, bem mais real e melhor obedecido; o poder ameaça, a riqueza recompensa; escapa-se do poder enganando-o; para obter os favores da riqueza, é preciso servi-la; esta última deve prevalecer.

Por uma sucessão das mesmas causas, a existência individual é menos englobada pela existência política. Os indivíduos transplantam para longe seus tesouros e levam com eles todos os gozos da vida privada. O comércio aproximou as Nações e deu-lhes costumes e hábitos um pouco mais parecidos: os chefes podem ser inimigos, mas os povos são compatriotas.

Que o poder, então, se resigne. Precisamos da liberdade e a teremos, mas, como a liberdade que precisamos é diferente daquela dos antigos, é necessário a essa liberdade uma organização diversa daquela que podia convir à liberdade antiga. Nesta última, quanto mais o homem consagrava o tempo e as forças ao exercício dos seus direitos políticos, mais ele se imaginava livre. Na espécie de liberdade a que somos suscetíveis, mais exercício dos nossos direitos políticos nos deixará tempo para nossos interesses privados e mais a liberdade nos será preciosa.

Daí provém, Senhores, a necessidade do sistema representativo. O sistema representativo não é outra coisa senão uma organização com a ajuda da qual a Nação descarrega sobre alguns indivíduos aquilo que não pode ou não quer fazer por si própria. Os indivíduos pobres fazem os seus próprios afazeres; os homens ricos têm os seus intendentes. Essa é a história das Nações antigas e das Nações modernas. O sistema representativo é uma procuração dada a um certo número de homens pela massa do povo, que quer que seus interesses sejam defendidos, mas que, todavia, não tem tempo de defendê-los. Mas, a menos que sejam insensatos, os homens ricos com intendentes examinam, com atenção e severidade, se esses intendentes cumpriram o seu dever, se não são nem negligentes nem corruptíveis nem incapazes. E para julgar a gestão desses mandatários, os comitentes prudentes se inteiram bem dos negócios que lhes confiam a administração. Do mesmo modo, os povos que, com o objetivo de gozar da liberdade que lhes convêm, recorrem ao sistema representativo, devem exercer uma supervisão ativa e constante sobre seus representantes, reservando-se, em certas épocas, não separadas por intervalos muito longos, ao direito de afastá-los caso tenham afrontado suas aspirações, e de revogar os poderes de que tenham abusado.

Pois, naquilo que a liberdade moderna difere da liberdade antiga, segue que ela também é ameaçada por um perigo de espécie diferente.

O perigo da liberdade antiga era que, atentos unicamente a garantir a participação no poder social, os homens não faziam muito bom uso dos direitos e gozos individuais.

O perigo da liberdade moderna é o de que, absorvida pelo gozo de nossa independência privada e pela busca de nossos interesses particulares, renunciemos facilmente ao direito de participação no poder político.

Os depositários da autoridade não deixam de exortar-nos a isso. Estão sim dispostos a resguardar-nos de toda espécie de pena, exceto aquelas de obedecer e de pagar! Eles nos dirão: "Qual é, no fundo, o objetivo de todos os vossos esforços, o motivo de vossos trabalhos, o objeto de vossas esperanças? Não é a felicidade? Então, essa felicidade, deixem-nos agir e nós vos daremos." Não, Senhores, não os deixemos agir. Por mais tocante que seja um interesse tão delicado, rogai à autoridade de permanecer em seus limites. Que se limite a ser justa e nós nos encarregaremos de sermos felizes.

A liberdade dos antigos comparada à dos modernos **101**

Poderíamos ter os gozos se esses gozos estivessem separados das garantias? Onde encontraremos essas garantias se renunciarmos à liberdade política? Renunciá-la, Senhores, seria uma demência parecida com a do homem que, sob o pretexto de que não habita senão no primeiro andar, pretendia construir sobre a areia um edifício sem fundação.

Então, Senhores, é mesmo verdade que a felicidade, de qualquer gênero que possa ser, seja o objetivo único da espécie humana? Nesse caso, nossa carreira seria bem estreita e nosso destino, muito pouco nobre. Não haveria um de nós que, se quisesse rebaixar, restringir suas faculdades morais, aviltar seus desejos, abjurar a atividade, a glória, as emoções generosas e profundas, conseguisse brutalizar-se e ser feliz. Não, Senhores, atesto que a melhor parte da nossa natureza, essa nobre inquietude que nos persegue e atormenta, esse ardor de entender nossas luzes e de desenvolver nossas faculdades, não é somente para a felicidade, é para o aperfeiçoamento que nosso destino chama. E a liberdade política é a mais poderosa, o mais enérgico meio de aperfeiçoamento que o céu nos deu.

A liberdade política, submetendo a todos os cidadãos, sem exceção, o exame e o estudo dos seus interesses mais sagrados, amplia seu espírito, enobrece seus pensamentos, estabelece entre todos eles uma espécie de igualdade intelectual que faz a glória e o poder de um povo.

Vedes, também, como uma Nação cresce com a primeira instituição que lhe restitui o exercício regular da liberdade política. Vedes nossos concidadãos de todas as classes, de todas as profissões, saindo de seus trabalhos habituais e de sua indústria privada, encontrar-se, de repente, no nível das importantes funções que a Constituição lhes confia, escolher com discernimento, resistir com energia, desconsertar a astúcia, desafiar a ameaça, resistir nobremente à sedução. Vedes o patriotismo puro, profundo e sincero triunfando em nossas cidades e vivificando até em nossos povoados, atravessando nossas oficinas, reanimando nossos campos, penetrando o sentimento dos nossos direitos e a necessidade de garantir o espírito justo e direito do cultivador útil e do negociante industrial, que, sabendo da história de males que sofreram, e não menos esclarecidos sobre os remédios que esses males exigem, abraçam num olhar a França inteira e, dispensadores do reconhecimento nacional, recompensam pelos seus votos, após trinta anos, a fidelidade aos princípios, na pessoa do mais ilustre dos defensores da liberdade.[*]

Longe, então, Senhores, de renunciar a alguma das duas espécies de liberdades de que vos falei. É preciso, já o demonstrei, aprender a combinar uma com a outra. As instituições, como o disse o célebre autor da história das repúblicas da idade média,[**] devem cumprir os destinos da espécie humana. Elas atingem tanto melhor o seu objetivo quanto elevam o maior número possível de cidadãos à mais alta dignidade moral.

A obra do legislador não está nada completa quando somente restituiu ao povo a tranquilidade. Mesmo que o povo esteja contente, ainda lhe resta muito a fazer. É preciso que as instituições concluam a educação moral dos cidadãos: respeitando seus direitos individuais, poupando sua independência, não perturbando em nada suas ocupações.

---

[*]   N.T.: Senhor Lafayette, nomeado deputado do Sarte.

[**]   N.T.: Senhor Sismond, o amigo de Benjamin Constant.

Devem, portanto, consagrar sua influência sobre a coisa pública, chamá-los a concorrer, pelas suas determinações e pelos seus votos, ao exercício do poder, garantir-lhes um direito de controle e de supervisão pela manifestação de suas opiniões, formando-os dessa maneira, pela prática, a essas funções elevadas, dando-lhes a fé, o desejo e a faculdade de cumpri-las.

Formato	14 x 21 cm
Tipografia	Iowan 11/15
Papel	Offset Sun Paper 90 g/m² (miolo)
	Supremo 250 g/m² (capa)
Número de páginas	104
Impressão	Geográfica Editora